| KIT 1: Kaufvertrag & Co. / Arbeitswelt | Kieser Verlag 86356 Neusäß | Seite 1 |

Verfasser: Diplomkaufmann Volker Holzer, Oberstudienrat
Wolfgang Bauknecht, Oberstudienrat

Vorwort und Hinweise zur Benutzung des Buches

Dieses Buch (**KIT 1**) soll Ihnen die Möglichkeit bieten, selbstständig Ihr

Grundwissen

in den Bereichen Kaufvertrag & Co. sowie Arbeitswelt

zu überprüfen.

Jeder Test ermöglicht Ihnen die **eigenständige Korrektur** sowie die Zuordnung einer **Note** anhand der mit Korrekturpunkten versehenen Lösungen. Im Unterricht besteht die Möglichkeit, die Lösungsseite konsequent mit einem Blatt abzudecken. Die Korrektur und Notenermittlung könnte dann z.B. durch den Nachbarn erfolgen.

In den Tests soll das unentbehrliche **Grundwissen** geprüft werden. Für die weitere Vorbereitung auf Klassenarbeiten (Klausuren) und Prüfungen sollten zusätzlich Prüfungsaufgaben bzw. sonstige Übungen herangezogen werden. Vgl. hierzu unsere **Prüfungsvorbereitungsbücher.**

Da die Tests für Schüler/innen verschiedenster Schultypen geeignet sind sowie um Zeitdruck zu vermeiden und Unterbrechungen zu ermöglichen, haben wir bewusst auf Zeitangaben verzichtet.

Ermittlung der Note: 1. Addieren Sie Ihre ermittelten Punkte in den einzelnen Aufgaben.

2. Runden Sie halbe Punktzahlen bei der Summe auf (z.B. 9,5 Punkte = 10 Punkte).

3. Kreuzen Sie das entsprechende Feld Ihrer erzielten Punktesumme an - Ihre Note (1. Versuch) ist festgehalten.

Mehrere Versuche: Sollten Sie den Test wiederholen (z.B. 1. Versuch während der Unterrichtsphase, 2. Versuch vor der Klassenarbeit und 3. Versuch vor der Prüfung), sind auch dafür entsprechende Felder vorgesehen.

Beispiel einer Notenübersicht nach drei Versuchen mit 3 Punkten = Note 5,5 (1. Versuch), 8,5 Punkten = Note 2,5 (2. Versuch) und 12 Punkten = Note 1,0 (3. Versuch):

Notenermittlung: Kreuzen Sie Ihr Ergebnis an (Korrekturanleitung: siehe Lösung).												
Punkte →	12	11	10	9	8	7	6	5	4	3	2	1
Note →	1,0	1,5	2,0	2,5	3,0	3,5	4,0	4,5	5,0	5,5	6,0	6,0
1. Versuch →										X		
2. Versuch →				X								
3. Versuch →	X											

Viel Spaß bei der Arbeit mit diesem Buch wünschen Ihnen

Verfasser und Verlag.

KIT 1: Kaufvertrag & Co. Kieser Verlag 86356 Neusäß Seite 2

Test 1 → Willenserklärungen & Rechtsgeschäfte

1 Welche allgemeinen Willenserklärungen führen zu einem Vertrag? — 2

2 Eine Willenserklärung kann auch durch

a) schlüssiges Handeln   b) Schweigen

abgegeben werden.

Nennen Sie je ein Beispiel. — 2

3 Ordnen Sie jeweils folgende Begriffe zu: — 6

- einseitig — mehrseitig
- empfangsbedürftig — nicht empfangsbedürftig
- einseitig verpflichtend — mehrseitig verpflichtend

a) Kaufvertrag   c) Arbeitsvertrag   e) Testament

b) Kündigung   d) Bürgschaft   f) Schenkung

4 Kündigungsfrist des Angestellten Sepp Schläfer: vier Monate auf Monatsende. Der Arbeitgeber will zum 31. Dezember kündigen und schickt das Kündigungsschreiben am 31. August per Post ab. Am 1. September wirft der Briefträger bei Schläfer den Brief in den Briefkasten.

Erfolgte die Kündigung rechtzeitig? — 2

Punktesumme → 12

Notenermittlung: Kreuzen Sie Ihr Ergebnis an (Korrekturanleitung: siehe Lösung).

Punkte →	12	11	10	9	8	7	6	5	4	3	2	1
Note →	1,0	1,5	2,0	2,5	3,0	3,5	4,0	4,5	5,0	5,5	6,0	6,0
1. Versuch →												
2. Versuch →												
3. Versuch →												

Test 1 → LÖSUNGEN

1
- Antrag + ---→ 1
- Annahme ---→ 1

	1., 2., 3. Versuch	Erzielte Punkte
1.	2	
2.	2	
3.	2	

2

a) **Schlüssiges Handeln:**
- nicken
- Taxi winken ← Ein Beispiel → 1
- Einstieg in Bus
- Hand heben (Versteigerung)

b) **Schweigen:** Z.B.: Wir erhalten ein Angebot einer uns unbekannten Firma und reagieren nicht. Unser Schweigen gilt als Ablehnung. → 1

1.	2	
2.	2	
3.	2	

3

a) mehrseitig ---→ 0,5 - mehrseitig verpflichtend ---→ 0,5
b) einseitig ---→ 0,5 - empfangsbedürftig ---→ 0,5
c) mehrseitig ---→ 0,5 - mehrseitig verpflichtend ---→ 0,5
d) mehrseitig ---→ 0,5 - einseitig verpflichtend ---→ 0,5
e) einseitig ---→ 0,5 - nicht empfangsbedürftig ---→ 0,5
f) mehrseitig ---→ 0,5 - einseitig verpflichtend ---→ 0,5

1.	6	
2.	6	
3.	6	

4
- Nein
- Kündigung = empfangsbedürftige Willenserklärung ---→ 1
- Erst wirksam, wenn sie dem Partner zugegangen ist ---→ 1

1.	2	
2.	2	
3.	2	

Tragen Sie Ihre Punktesumme ein und ermitteln Sie auf dem Aufgabenblatt Ihre Note.

Punktesumme → 1. 12 **Punktesumme** → 2. 12 **Punktesumme** → 3. 12

KIT 1: Kaufvertrag & Co. Kieser Verlag 86356 Neusäß Seite 4

Test 2 → Form der Rechtsgeschäfte

1 In welcher Form können Rechtsgeschäfte abgeschlossen werden? — 2

2 Warum ist bei bestimmten Rechtsgeschäften eine bestimmte Form vorgeschrieben?

Nennen Sie vier Gründe. — 4

3 Bei Verletzung einer Formvorschrift ist das Rechtsgeschäft ..... — 1

4 Welche Formvorschriften gelten bei folgenden Rechtsgeschäften? — 5

a) Kauf einer Maschine im Wert von 1 Million Euro

b) Grundstückskauf

c) Testament

d) Bürgschaft des Privatmannes Eugen Pumpelmayer

e) Bürgschaft des HGB-Kaufmanns Sebastian Xandlhuber e.K.

f) Schenkungsversprechen unseres Onkels aus Berlin

g) Anmeldung zum Handelsregister

h) Kündigung eines Arbeitnehmers

i) Anmeldung zum Grundbucheintrag

j) Gesellschaftsvertrag einer Personengesellschaft, in die keine Grundstücke eingebracht werden

Punktesumme → 12

Notenermittlung: Kreuzen Sie Ihr Ergebnis an (Korrekturanleitung: siehe Lösung).

Punkte →	12	11	10	9	8	7	6	5	4	3	2	1
Note →	1,0	1,5	2,0	2,5	3,0	3,5	4,0	4,5	5,0	5,5	6,0	6,0
1. Versuch →												
2. Versuch →												
3. Versuch →												

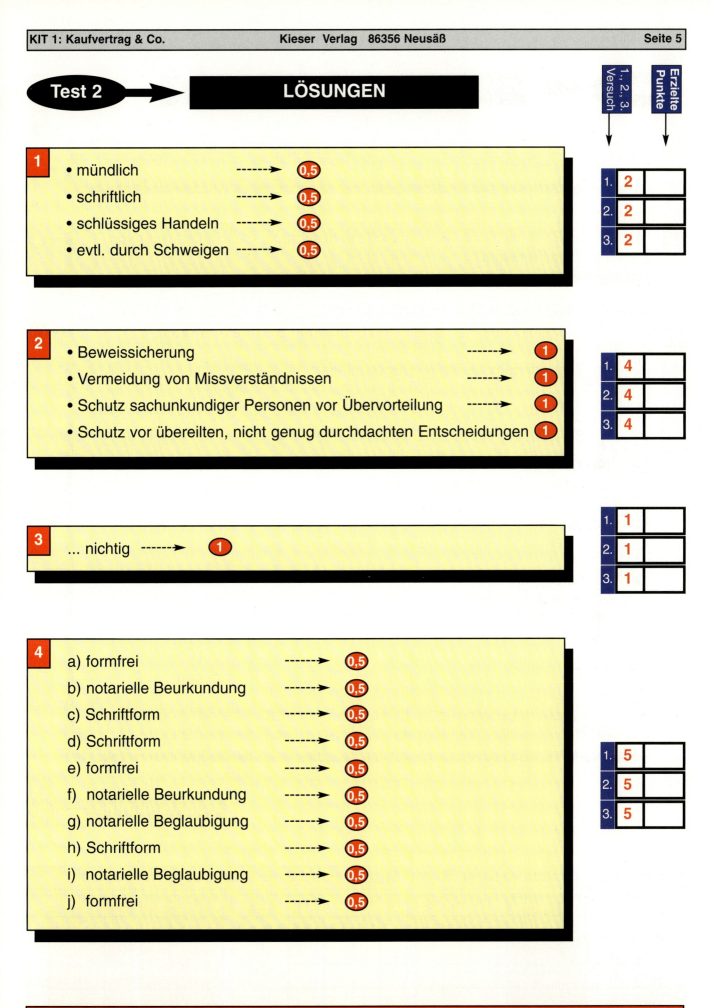

KIT 1: Kaufvertrag & Co. Kieser Verlag 86356 Neusäß Seite 6

Test 3 → Rechts- und Geschäftsfähigkeit

Punkte

1 Wer ist rechtsfähig? — 2

2 In welchen Fällen sind die Rechtsgeschäfte beschränkt Geschäftsfähiger von Anfang an voll wirksam? — 4

3 Beurteilen Sie folgende Rechtsfälle und begründen Sie Ihre Antworten. — 14

a) Ein Sechsjähriger kauft eine Stereoanlage.

b) Ein Achtjähriger kauft ohne Einwilligung der Eltern von seinem Taschengeld das Computerspiel „Katz und Maus".

c) Eine Sechzehnjährige kauft ohne Einwilligung der Eltern von ihrem Taschengeld einen gebrauchten Motorroller.

d) Eine Siebzehnjährige unterschreibt ohne Einwilligung der Eltern einen Ratenvertrag.

e) Ein Zehnjähriger erhält von seinem Onkel 100,00 Euro geschenkt. Die Eltern sind dagegen.

f) Ein siebzehnjähriger kaufmännischer Auszubildender vereinbart mit seinem Chef einen Sonderurlaub von vier Wochen, um auf die Deutschen Meisterschaften im Schwimmen zu trainieren. Die Eltern sind dagegen.

g) Eine Siebzehnjährige hat mit Einverständnis der Eltern einen Arbeitsvertrag geschlossen. Nach fünf Monaten kündigt sie. Die Eltern sind dagegen.

Punktesumme → 20

Notenermittlung: Kreuzen Sie Ihr Ergebnis an (Korrekturanleitung: siehe Lösung).

Punkte:	20	19	18	17	16	15	14	13	12	11	10	9	8	7	6	5	4	3
Note:	1,0	1,3	1,6	1,9	2,2	2,5	2,7	3,0	3,3	3,6	3,9	4,2	4,5	4,8	5,1	5,4	5,7	6,0
1. Versuch:																		
2. Versuch:																		
3. Versuch:																		

Test 3 — LÖSUNGEN

1. Alle natürlichen und juristischen Personen (0,5 + 0,5)

2.
- Vorherige **Einwilligung** des gesetzlichen Vertreters (1)
- Er erlangt nur **rechtliche Vorteile.** (1)
- Verträge, die er mit Mitteln bewirkt, die ihm sein gesetzl. Vertreter zur **freien Verfügung** stellt (Taschengeld, Geldgeschenk) (1)
- Rechtshandlungen innerhalb eines vom gesetzl. Vertreter genehmigten **Arbeitsvertrages** oder selbständigen **Erwerbsgeschäfts** (1)

3.

a) Willenserklärung **nichtig (Geschäftsunfähigkeit)** (1 + 1)

b) Vertrag des beschränkt Geschäftsfähigen **gültig**, da mit Mitteln bewirkt, die zur **freien Verfügung** (Taschengeld) stehen (1 + 1)

c) Vertrag der beschränkt Geschäftsfähigen **nichtig**, da **zukünftige Verpflichtungen** entstehen (Versicherung, Steuern, Haftung ...) (1 + 1)

d) Vertrag der beschränkt Geschäftsfähigen **nichtig**, da **zukünftige Verpflichtungen** entstehen. Ratenverträge „zustimmungspflichtig". (1 + 1)

e) Schenkung **rechtsgültig**, da **nur rechtliche Vorteile** (1 + 1)

f) **Keine Zustimmung der Eltern notwendig**, da der beschränkt Geschäftsfähige für alle Rechtshandlungen im Zusammenhang mit dem **Ausbildungsvertrag unbeschränkt geschäftsfähig** ist. (1 + 1)

g) Kündigung **rechtswirksam**, da sie im Rahmen ihres (genehmigten) **Arbeitsverhältnisses** für alle damit zusammenhängenden Rechtshandlungen **voll geschäftsfähig** ist. (1 + 1)

Punktesumme: 20

KIT 1: Kaufvertrag & Co. Kieser Verlag 86356 Neusäß Seite 8

Test 4 → Nichtige und anfechtbare Rechtsgeschäfte

1 Welche Rechtsgeschäfte sind nichtig? (Sechs Beispiele) — 3

2 a) Welche Rechtsgeschäfte sind anfechtbar?
b) Welche Fristen gelten bei anfechtbaren Rechtsgeschäften? — 3

4 Beurteilen Sie folgende Fälle unter dem Aspekt der Rechtsgültigkeit, Nichtigkeit und Anfechtbarkeit. — 14

a) A zu B: „Für einen Tausender lasse ich mir eine Glatze schneiden."
B legt den Tausender auf den Tisch, zückt die Schere und verlangt Vertragserfüllung. A bekommt ein flaues Gefühl im Magen und lehnt ab.

b) Ein Privatmann übernimmt mündlich eine Bürgschaft.

c) Ein Sechsjähriger schenkt einem Achtjährigen sein Fahrrad.

d) Unternehmer A erhält von einem Porschehändler ein schriftliches Angebot über einen Neuwagen. Der Porsche-Preis wird mit 8 000,00 Euro beziffert.
A freut sich über die vermeintliche Ersparnis in Höhe von 72 000 Euro.

e) A verspricht B 500,00 Euro, wenn er C „windelweich" prügelt.

f) A verkauft B mit schriftlichem Vertrag sein Grundstück.

g) A zu B am Telefon: „Preis pro Stück 50 Euro." B versteht 15 Euro und bestellt.

h) Händler A verkauft ein Gerät als neu, obwohl es schon ein Jahr benutzt wurde.

i) Student A unterschreibt pro Forma einen Arbeitsvertrag bei seinem Freund, damit letzterer durch fingierte Gehaltszahlungen Steuern spart.

j) A gewährt B ein Darlehen, Zinssatz 25 %.

k) Ein Angestellter verlangt eine Gehaltserhöhung um 1 000,00 Euro, anderenfalls werde er den Chef wegen „krummer Geschäfte" beim Finanzamt anschwärzen. Der Arbeitgeber gewährt die Erhöhung, verweigert aber später die Auszahlung.

l) Der „sternhagelbetrunkene" A verkauft an B seinen Traktor.

m) A kauft von B dessen Rolls-Royce für 300 000,00 Euro ohne schriftlichen Vertrag.

n) Lisa Schnell kauft anlässlich der bevorstehenden Hochzeit mit Ed Schlitz ein Doppelbett für 2 000,00 €. Kurz vor der Hochzeit trennt sich Ed von Lisa wegen Angelique.

Punktesumme → 20

Notenermittlung: Kreuzen Sie Ihr Ergebnis an (Korrekturanleitung: siehe Lösung).

Punkte:	20	19	18	17	16	15	14	13	12	11	10	9	8	7	6	5	4	3
Note:	1,0	1,3	1,6	1,9	2,2	2,5	2,7	3,0	3,3	3,6	3,9	4,2	4,5	4,8	5,1	5,4	5,7	6,0
1. Versuch:																		
2. Versuch:																		
3. Versuch:																		

KN 1: Kaufvertrag & Co.   Kieser Verlag   86356 Neusäß   Seite 9

Test 4 — LÖSUNGEN

1
- Scherzgeschäfte — 0,5
- Sittenverstoß — 0,5
- Scheingeschäfte — 0,5
- Formverstoß — 0,5
- Gesetzesverstoß — 0,5
- Geschäftsunfähigkeit — 0,5
- „vorübergehende Störung der Geistestätigkeit" (Trunkenheit ...)

1. 3
2. 3
3. 3

2

(a)	(b)
• arglistige Täuschung 0,5	• innerh. 1 Jahr nach Entdeckung der Täuschung 0,5
• Irrtum 0,5	• unverzüglich nach Entdeckung des Irrtums 0,5
• widerrechtl. Drohung 0,5	• innerhalb 1 Jahr nach Wegfall der Zwangslage 0,5

1. 3
2. 3
3. 3

3
a) nichtig ---▶ 0,5 - Scherzgeschäft ---▶ 0,5
b) nichtig ---▶ 0,5 - Formverstoß ---▶ 0,5
c) nichtig ---▶ 0,5 - Geschäftsunfähigkeit ---▶ 0,5
d) anfechtbar ---▶ 0,5 - Erklärungsirrtum (Tippfehler) ▶ 0,5
e) nichtig ---▶ 0,5 - Gesetzesverstoß ---▶ 0,5
f) nichtig ---▶ 0,5 - Formverstoß ---▶ 0,5
g) anfechtbar ---▶ 0,5 - Übermittlungsirrtum (Hörfehler) ▶ 0,5
h) anfechtbar ---▶ 0,5 - arglistige Täuschung ---▶ 0,5
i) nichtig ---▶ 0,5 - Scheingeschäft ---▶ 0,5
j) nichtig ---▶ 0,5 - Sittenverstoß ---▶ 0,5
k) anfechtbar ---▶ 0,5 - widerrechtliche Drohung ---▶ 0,5
l) nichtig ---▶ 0,5 - Störung der Geistestätigkeit --▶ 0,5
m) gültig ---▶ 0,5 - formfrei ---▶ 0,5
n) nicht anfechtbar ▶ 0,5 - lediglich „Motivirrtum" ---▶ 0,5

1. 14
2. 14
3. 14

Tragen Sie Ihre Punktesumme ein und ermitteln Sie auf dem Aufgabenblatt Ihre Note.

Punktesumme ▶ 1. 20   Punktesumme ▶ 2. 20   Punktesumme ▶ 3. 20

KIT 1: Kaufvertrag & Co. Kieser Verlag 86356 Neusäß Seite 10

Test 5 → Besitz und Eigentum

1 Definieren Sie kurz die Begriffe Eigentum und Besitz. — 2

2 Wie wird Eigentum an a) beweglichen b) unbeweglichen Sachen übertragen? — 2

3 A kauft einen PKW und zahlt sofort mit Scheck. Acht Wochen später erhält er das Auto. Wann ist er Eigentümer (Begründung). — 2

4 A kauft einen Kühlschrank, den er sofort mitnimmt. Die Zahlung erfolgt sechs Wochen später. Wann ist A Eigentümer? — 2

5 A verkauft und übergibt an B ein Rennrad für 1 500,00 Euro, zahlbar innerhalb vier Wochen. Nach acht Wochen ist das Rennrad immer noch nicht bezahlt. A fordert die Herausgabe des Rads. Rechtslage? — 2

6 A verkauft und übergibt an B ein Surfbrett, welches Letzterer noch vor Zahlung an C weiterveräußert und übergibt. Wer ist Eigentümer? Begründung. — 2

7 A leiht von B einen Smoking und verkauft und übergibt ihn hemmungslos an den gutgläubigen Hochstapler C. Wer ist Eigentümer? Begründung. — 2

8 A stiehlt von E ein Buch und verkauft es an die gutgläubige Leseratte B. Ist B Eigentümerin? Begründung. — 2

9 A kauft von B einen Affen, den er eine Woche später abholen will. Affennarr C bietet zwischenzeitlich den doppelten Preis und nimmt das Tier gleich mit. Wer ist Eigentümer? Begründung. — 2

10 Wie könnte sich A bei 9. gegen derartige Handlungen absichern? — 2

Punktesumme → 20

Notenermittlung: Kreuzen Sie Ihr Ergebnis an (Korrekturanleitung: siehe Lösung).

Punkte:	20	19	18	17	16	15	14	13	12	11	10	9	8	7	6	5	4	3
Note:	1,0	1,3	1,6	1,9	2,2	2,5	2,7	3,0	3,3	3,6	3,9	4,2	4,5	4,8	5,1	5,4	5,7	6,0
1. Versuch:																		
2. Versuch:																		
3. Versuch:																		

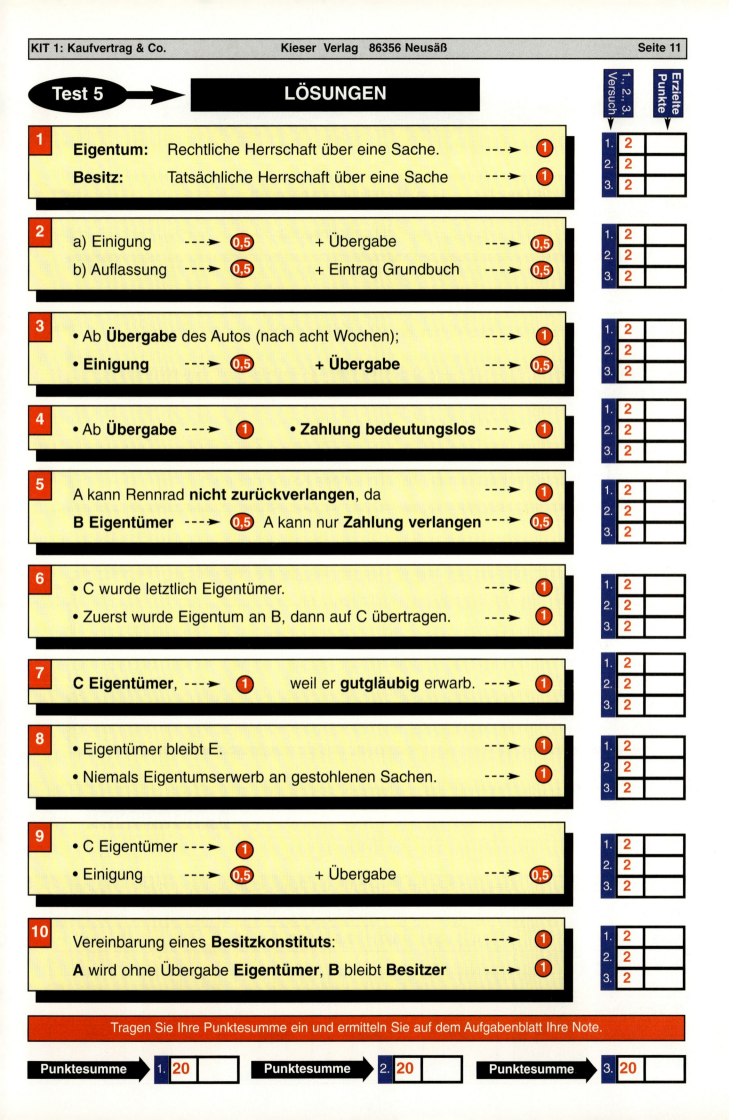

KIT 1: Kaufvertrag & Co.   Kieser Verlag   86356 Neusäß   Seite 12

Test 6 → **Kaufvertrag I**

1 Erklären Sie die Begriffe: a) Verpflichtungsgeschäft

b) Erfüllungsgeschäft   2,5

2 a) Durch welche Willenserklärungen entsteht ein Vertrag im Allgemeinen?

b) Durch welche Willenserklärungen entsteht üblicherweise ein Kaufvertrag?   3

3 Welche Pflichten entstehen bei Abschluss eines Kaufvertrages?   4

4 Unterscheiden Sie die Begriffe im rechtlichen Sinn: 2,5

a) Anfrage

b) Angebot

c) Anpreisung

Punktesumme → 12

Notenermittlung: Kreuzen Sie Ihr Ergebnis an (Korrekturanleitung: siehe Lösung).

Punkte →	12	11	10	9	8	7	6	5	4	3	2	1
Note →	1,0	1,5	2,0	2,5	3,0	3,5	4,0	4,5	5,0	5,5	6,0	6,0
1. Versuch →												
2. Versuch →												
3. Versuch →												

Test 6 — LÖSUNGEN

1
Verpflichtungsgeschäft: • **Abschluss** Kaufvertrag → 1

• Vertragspartner übernehmen **Pflichten** → 0,5

Erfüllungsgeschäft: • Vertragspartner **erfüllen** die vertraglich übernommenen **Pflichten** → 0,5 / 0,5

1.	2,5
2.	2,5
3.	2,5

2
a) Antrag → 0,5 + Annahme → 0,5

b) Angebot → 0,5 + Bestellung bzw. → 0,5

c) Bestellung → 0,5 + Bestellungsannahme → 0,5

1.	3
2.	3
3.	3

3
Käufer: • Rechtzeitige Zahlung → 1

• Warenabnahme → 1

Verkäufer: • Rechtzeitige und mangelfreie Übergabe → 0,5 / 0,5

• Eigentumsübertrag → 1

1.	4
2.	4
3.	4

4
Anfrage: • Rechtlich unverbindlich → 0,5

Angebot: • Rechtlich bindend → 0,5

• an bestimmte Person gerichtet → 0,5

Anpreisung: • Rechtlich unverbindlich → 0,5

• an Allgemeinheit gerichtet → 0,5

1.	2,5
2.	2,5
3.	2,5

Tragen Sie Ihre Punktesumme ein und ermitteln Sie auf dem Aufgabenblatt Ihre Note.

Punktesumme 1. 12 **Punktesumme** 2. 12 **Punktesumme** 3. 12

KIT 1: Kaufvertrag & Co. Kieser Verlag 86356 Neusäß Seite 14

Test 7 → Kaufvertrag II

1 Nennen Sie vier Beispiele für Anpreisungen. — 2

2 Wann erlischt die Bindung an ein Angebot? Vier Beispiele. — 2

3 Ein Angebot wird a) schriftlich (per Post)

b) per Telefax

c) mündlich im Geschäft

d) am Telefon abgegeben.

Innerhalb welcher Frist muss die Annahme erfolgen? — 2

4 Wann muss geliefert bzw. gezahlt werden, wenn keine diesbezüglichen Vertragsvereinbarungen vorliegen? — 1

5 Welche gesetzlichen Regelungen gelten für die

a) Beschaffenheit der Ware

b) Verpackungskosten

c) Transportkosten? — 5

Punktesumme → 12

Notenermittlung: Kreuzen Sie Ihr Ergebnis an (Korrekturanleitung: siehe Lösung).

Punkte →	12	11	10	9	8	7	6	5	4	3	2	1
Note →	1,0	1,5	2,0	2,5	3,0	3,5	4,0	4,5	5,0	5,5	6,0	6,0
1. Versuch →												
2. Versuch →												
3. Versuch →												

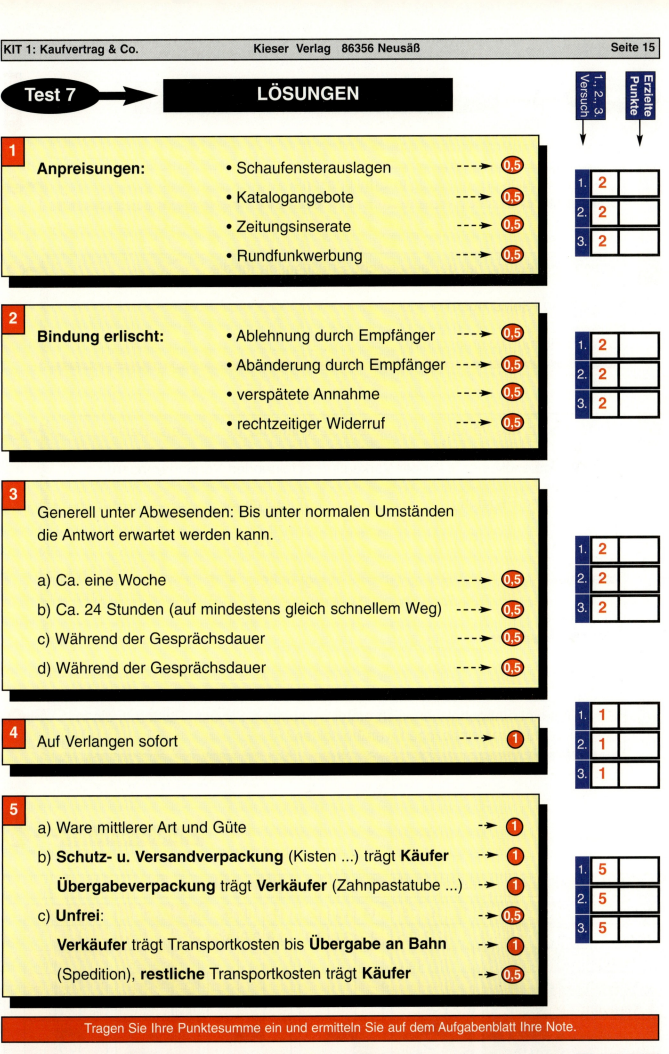

KIT 1: Kaufvertrag & Co.   Kieser Verlag   86356 Neusäß   Seite 16

Test 8 → Kaufvertrag III

1 Wo befindet sich der gesetzliche Erfüllungsort? — 2

2 Welche Bedeutung hat der gesetzliche Erfüllungsort für die — 6

a) Zahlung (Geldschuld)?

b) Warenlieferung (Warenschuld)?

3 Geschäftssitz des Verkäufers: Dresden; Geschäftssitz des Käufers: Berlin. — 8

Welche Versandkosten trägt der Verkäufer bei folgenden Vereinbarungen:

a) gesetzliche Regelung   e) frei Haus

b) frei dort   f) ab Werk

c) ab hier   g) unfrei

d) frachtfrei   h) frei Bahnhof

4 Sie sollen einen Angebotsvergleich erstellen. Nennen Sie acht Faktoren, die in die Betrachtung mit einbezogen werden sollten? — 4

Punktesumme → 20

Notenermittlung: Kreuzen Sie Ihr Ergebnis an (Korrekturanleitung: siehe Lösung).

Punkte:	20	19	18	17	16	15	14	13	12	11	10	9	8	7	6	5	4	3
Note:	1,0	1,3	1,6	1,9	2,2	2,5	2,7	3,0	3,3	3,6	3,9	4,2	4,5	4,8	5,1	5,4	5,7	6,0
1. Versuch:																		
2. Versuch:																		
3. Versuch:																		

KIT 1: Kaufvertrag & Co.   Kieser Verlag   86356 Neusäß   Seite 17

Test 8 → LÖSUNGEN

1

Erfüllungsort für Zahlung:	Wohn-/Geschäftssitz Käufer	→ 1
Erfüllungsort für Lieferung:	Wohn-/Geschäftssitz Verkäufer	→ 1

1. 2
2. 2
3. 2

2

a) Bedeutung für die Geldschuld:

- fristgemäß am Erfüllungsort überweisen → 0,5
- Gefahr + Kosten der Zahlung trägt Käufer → 1
- Erfüllungsort bestimmt Gerichtsstand → 0,5
  bei HGB-Kaufleuten: → 0,5
  Zahlungsklage somit am Sitz des Käufers → 0,5

b) Bedeutung für die Warenschuld:

- Verkäufer trägt Gefahr und → 0,5
  Kosten des Transports bis → 0,5
  Übergabe an Transportunternehmen, danach Käufer → 0,5
- Erfüllungsort bestimmt Gerichtsstand → 0,5
  bei HGB-Kaufleuten: → 0,5
  Klage wegen Warenmängel somit am Sitz des Verkäufers → 0,5

1. 6
2. 6
3. 6

3

a) Bis Bahnhof Dresden → 1	e) Alle Versandkosten → 1
b) Bis Bahnhof Berlin → 1	f) Keine Versandkosten → 1
c) Bis Bahnhof Dresden → 1	g) Bis Bahnhof Dresden → 1
d) Bis Bahnhof Dresden inkl. Verladekosten → 1	h) Bis Bahnhof Berlin → 1

1. 8
2. 8
3. 8

4

• Preis	• Zuverlässigkeit
• Preisnachlässe	• Kundendienst
• Lief.- u. Zahl.bedingungen	• Beratung 8 • → 0,5
• Qualität	• evtl. Gegengeschäfte

1. 4
2. 4
3. 4

Tragen Sie Ihre Punktesumme ein und ermitteln Sie auf dem Aufgabenblatt Ihre Note.

Punktesumme → 1. 20   **Punktesumme** → 2. 20   **Punktesumme** → 3. 20

KIT 1: Kaufvertrag & Co.　　　Kieser Verlag　86356 Neusäß　　　Seite 18

 → **Mangelhafte Lieferung**

1
a) Welche Pflichten hat der Käufer bei mangelhafter Lieferung?

b) Käufer Schlampel versäumte es, Warenmängel rechtzeitig zu rügen. Rechtsfolgen?

5

2 Wann wird ein Käufer bei mangelhafter Lieferung welches Recht in Anspruch nehmen?

Nennen Sie je ein typisches Beispiel.

9

3 Nennen Sie vier Beispiele für „zugesicherte Eigenschaften".

2

4 Welche Aufbewahrungspflichten mangelhafter Ware gelten beim

a) Platzkauf

b) Versendungskauf?

4

Punktesumme → 20

Notenermittlung: Kreuzen Sie Ihr Ergebnis an (Korrekturanleitung: siehe Lösung).

Punkte:	20	19	18	17	16	15	14	13	12	11	10	9	8	7	6	5	4	3
Note:	1,0	1,3	1,6	1,9	2,2	2,5	2,7	3,0	3,3	3,6	3,9	4,2	4,5	4,8	5,1	5,4	5,7	6,0
1. Versuch:																		
2. Versuch:																		
3. Versuch:																		

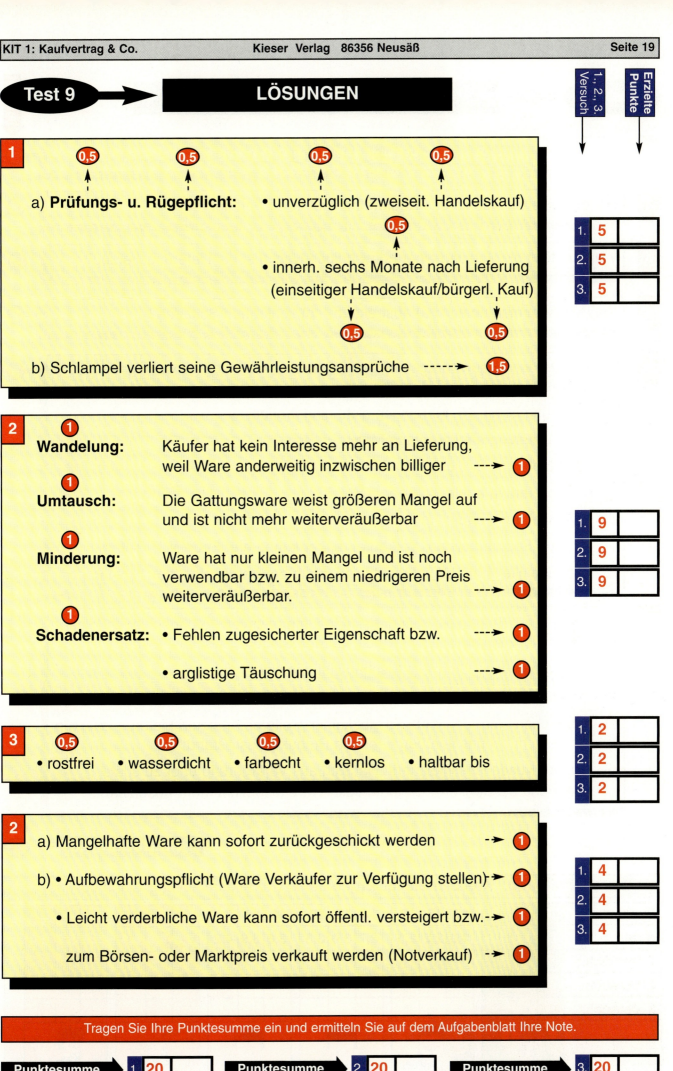

KIT 1: Kaufvertrag & Co. Kieser Verlag 86356 Neusäß Seite 20

Test 10 → Lieferungsverzug

Punkte

1 Unter welchen Voraussetzungen liegt Lieferungsverzug vor? — 3,5

2 Notieren Sie die Rechte des Käufers bei Lieferungsverzug. — 3

3 Wann entfällt die Setzung einer notwendigen Nachfrist bei Lieferungsverzug? — 1,5

4 Was versteht man unter   a) abstraktem   b) konkretem Schaden? — 2

5 Ist bei folgenden Kaufvertragsformulierungen eine Mahnung notwendig, damit Lieferungsverzug vorliegt? Begründung. — 5

Die Lieferung ist am 15. März noch nicht eingetroffen.

a) „Die Lieferung erfolgt Anfang März."

b) „Die Lieferung erfolgt bis 14. März fix."

c) „Die Lieferung erfolgt im Februar."

d) „Die Lieferung erfolgt im Februar."

   Am 28. Februar teilt der Verkäufer mit, er könne erst Ende März liefern.

e) „Die Weinlieferung erfolgt rechtzeitig vor Ihrem Betriebsfest am 14. März."

6 Unser Lieferant Späth e.K. befindet sich in Lieferungsverzug. Ihnen liegen folgende interne Notizen vor. Welches Recht würden Sie jeweils beanspruchen? — 5

a) „Ware bei Klopp GmbH inzwischen viel günstiger!"

b) „Brauchen Ware dringend! Konkurrenten von Späth wesentlich teurer!"

c) „Brauchen Ware dringend! Es gibt keinen weiteren Anbieter! Lieferungsverzug verursacht bei uns vorübergehenden Produktionsstillstand!"

d) „Unser Kunde ist stinksauer!!! Hat sich aus Verärgerung über zu späte Lieferung bei Konkurrenz eingedeckt! Ware also nicht mehr absetzbar!!!"

Punktesumme → 20

Notenermittlung: Kreuzen Sie Ihr Ergebnis an (Korrekturanleitung: siehe Lösung).

Punkte:	20	19	18	17	16	15	14	13	12	11	10	9	8	7	6	5	4	3
Note:	1,0	1,3	1,6	1,9	2,2	2,5	2,7	3,0	3,3	3,6	3,9	4,2	4,5	4,8	5,1	5,4	5,7	6,0
1. Versuch:																		
2. Versuch:																		
3. Versuch:																		

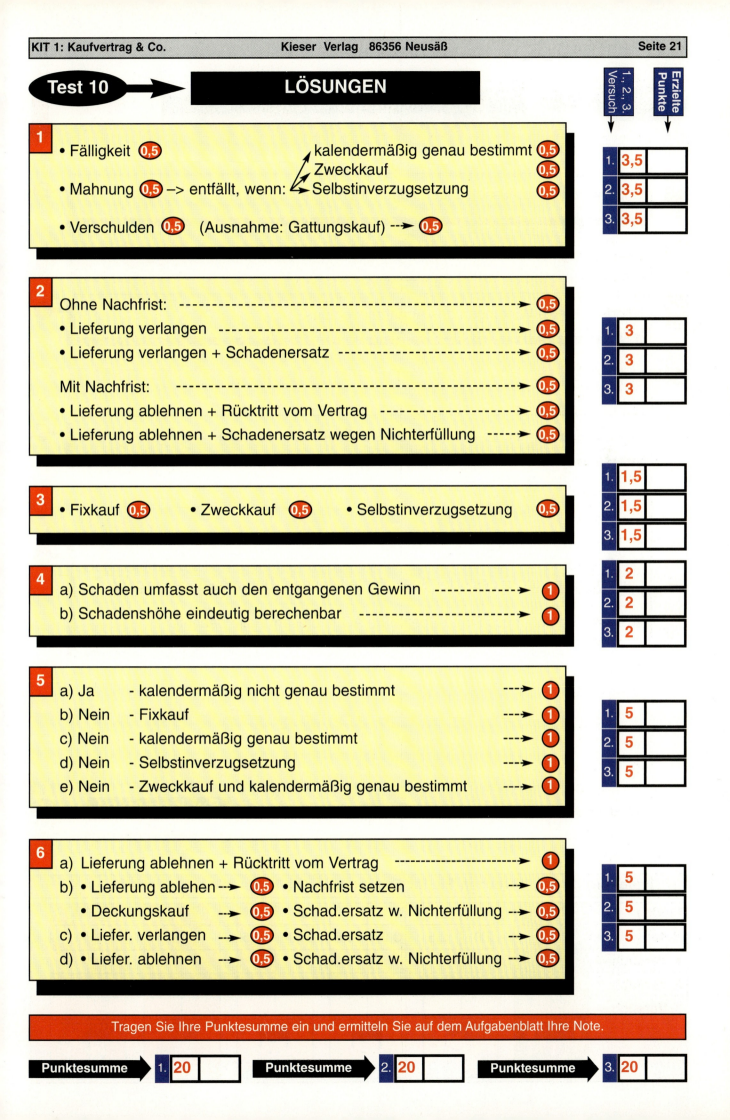

Test 11 → Annahmeverzug

1 Unter welchen Voraussetzungen liegt Annahmeverzug vor? — 2

2 Nennen Sie die Wirkungen des Annahmeverzugs. — 2

3 Nennen Sie die Rechte des Verkäufers beim Annahmeverzug. — 5

4 Die SpeziBüro AG will einen Selbsthilfeverkauf vornehmen, weil die Scholl GmbH die Annahme von ihr bestellter Spezialanfertigungen (Büromöbel) verweigerte.

Welche Pflichten muss Firma SpeziBüro AG in diesem Falle beachten? — 3

Punktesumme → 12

Notenermittlung: Kreuzen Sie Ihr Ergebnis an (Korrekturanleitung: siehe Lösung).

Punkte →	12	11	10	9	8	7	6	5	4	3	2	1
Note →	1,0	1,5	2,0	2,5	3,0	3,5	4,0	4,5	5,0	5,5	6,0	6,0
1. Versuch →												
2. Versuch →												
3. Versuch →												

KIT 1: Kaufvertrag & Co.   Kieser Verlag 86356 Neusäß

Test 11 → **LÖSUNGEN**

1
- Fälligkeit der Lieferung → 1
- Tatsächliches Anbieten der Ware → 1

1.	2	
2.	2	
3.	2	

2
- Haftung Lieferer nur noch bei grober Fahrlässigkeit u. Vorsatz → 1
- Gefahrenübergang auf den Käufer → 1

1.	2	
2.	2	
3.	2	

3
- Ware zurücknehmen → 0,5
  + anderweitig verkaufen → 0,5
- Ware zurücknehmen → 0,5
  + lagern → 0,5
  + Klage auf Abnahme → 0,5
- Rücktritt vom Vertrag → 1
- Selbsthilfeverkauf → 1
- stets: Anspruch auf Kostenerstattung → 0,5

1.	5	
2.	5	
3.	5	

4
- Selbsthilfeverkauf androhen → 0,5
  mit Nachfrist → 0,5
- Lagerort mitteilen → 0,5
- Ort + → 0,5
  Zeit + → 0,5
  Ergebnis des Selbsthilfeverkaufs dem Käufer mitteilen → 0,5

1.	3	
2.	3	
3.	3	

Tragen Sie Ihre Punktesumme ein und ermitteln Sie auf dem Aufgabenblatt Ihre Note.

Punktesumme → 1. 12   **Punktesumme** → 2. 12   **Punktesumme** → 3. 12

KIT 1: Kaufvertrag & Co. Kieser Verlag 86356 Neusäß Seite 24

Test 12 → Zahlungsverzug

1 Welche Voraussetzungen müssen erfüllt sein, damit Zahlungsverzug vorliegt? — 4

2 Welche Rechte kann der Gläubiger bei Zahlungsverzug geltend machen? — 4

3 Wie viel Prozent Verzugszinsen können mangels vertraglicher Regelung verrechnet werden? — 2

4 Im Kaufvertrag wurde keine Vereinbarung über die Zahlungsbedingungen getroffen. — 2

Rechnungsdatum: 15. April
Rechnungseingang: 17. April
1. Mahnung: 27. Mai
2. Mahnung: 10. Juni
Mahnbescheid: 27. Juli

Ab wann befindet sich der Schuldner im Zahlungsverzug? Begründung.

Punktesumme → 12

Notenermittlung: Kreuzen Sie Ihr Ergebnis an (Korrekturanleitung: siehe Lösung).

Punkte →	12	11	10	9	8	7	6	5	4	3	2	1
Note →	1,0	1,5	2,0	2,5	3,0	3,5	4,0	4,5	5,0	5,5	6,0	6,0
1. Versuch →												
2. Versuch →												
3. Versuch →												

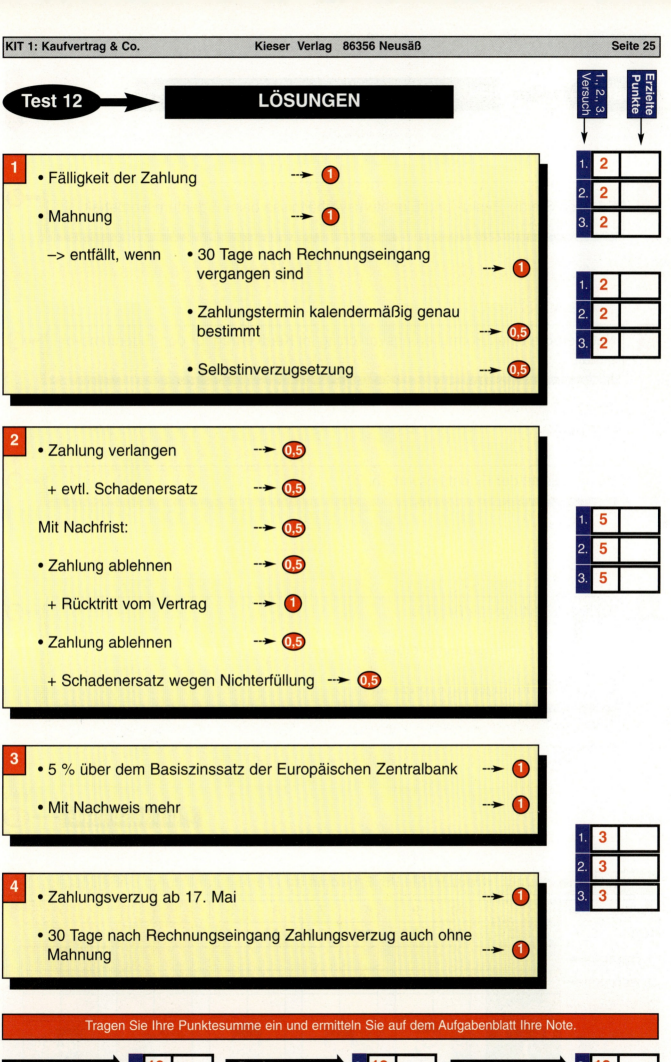

KIT 1: Kaufvertrag & Co.   Kieser Verlag   86356 Neusäß   Seite 26

Test 13 → **Eigentumsvorbehalt**

1 Erklären Sie die Besitz- und Eigentumsverhältnisse beim Eigentumsvorbehalt. — 2

2 Notieren Sie einen Formulierungsvorschlag im Kaufvertrag für den Eigentumsvorbehalt. — 2

3 Wann erlischt der Eigentumsvorbehalt? — 5

4 Erklären Sie folgende Begriffe:

a) verlängerter Eigentumsvorbehalt

b) erweiterter Eigentumsvorbehalt

— 3

Punktesumme → 12

Notenermittlung: Kreuzen Sie Ihr Ergebnis an (Korrekturanleitung: siehe Lösung).

Punkte →	12	11	10	9	8	7	6	5	4	3	2	1
Note →	1,0	1,5	2,0	2,5	3,0	3,5	4,0	4,5	5,0	5,5	6,0	6,0
1. Versuch →												
2. Versuch →												
3. Versuch →												

Test 13 — LÖSUNGEN

1
- Verkäufer bleibt Eigentümer bis zur vollständigen Zahlung → 1
- Käufer wird Besitzer, nach vollständiger Zahlung Eigentümer → 1

1.	2	
2.	2	
3.	2	

2
„Die Ware bleibt bis zur vollständigen Zahlung unser Eigentum." → 2

1.	2	
2.	2	
3.	2	

3 Der Eigentumsvorbehalt erlischt, wenn ...
- ... Ware vollständig bezahlt ist → 1
- ... Veräußerung der Ware an einen gutgläubigen Dritten → 0,5
- ... Verarbeitung, Verbrauch oder Zerstörung der Ware → 0,5
- ... Verbindung der Ware mit unbeweglicher Sache → 1

1.	5	
2.	5	
3.	5	

4
a)
- Forderungsabtretung bei Weiterverkauf durch Käufer → 1
- Bei Weiterverarbeitung: Sicherungsübereignung des hergestellten Gegenstands an den Lieferer. → 1

b)
- Der Eigentumsvorbehalt bezieht sich auf alle Lieferungen an einen Käufer. → 1

1.	3	
2.	3	
3.	3	

Tragen Sie Ihre Punktesumme ein und ermitteln Sie auf dem Aufgabenblatt Ihre Note.

Punktesumme 1. **12** Punktesumme 2. **12** Punktesumme 3. **12**

 **Mahnverfahren (gerichtlich / außergerichtlich)**

1 Beschreiben Sie stichwortartig den üblichen Verlauf des außergerichtlichen Mahnverfahrens. — 3

2 Wann beginnt das gerichtliche Mahnverfahren? — 1

3 Bei welcher Institution ist der Antrag auf Erlass eines Mahnbescheids zu stellen? — 1

4 Notieren Sie stichpunktartig die einzelnen Stationen des gerichtlichen Mahnverfahrens, wenn der Antragsgegner — 5

a) überhaupt nicht reagiert;

b) Widerspruch gegen den Mahnbescheid einlegt;

c) erst gegen den Vollstreckungsbescheid Einspruch einlegt.

5 Wie kann es ohne vorherigen Prozess zur Zwangsvollstreckung kommen? — 2

Punktesumme → 12

Notenermittlung: Kreuzen Sie Ihr Ergebnis an (Korrekturanleitung: siehe Lösung).

Punkte →	12	11	10	9	8	7	6	5	4	3	2	1
Note →	1,0	1,5	2,0	2,5	3,0	3,5	4,0	4,5	5,0	5,5	6,0	6,0
1. Versuch →												
2. Versuch →												
3. Versuch →												

KIT 1: Kaufvertrag & Co. Kieser Verlag 86356 Neusäß Seite 29

Test 14 → LÖSUNGEN

1
- Mehrere Mahnungen → 0,5
- Androhung z.B. der Postnachnahme → 0,5
- Zustellung der Postnachnahme → 0,5
- Terminbrief (Einschreiben) → 0,5
  mit letzter Fristsetzung und → 0,5
  Androhung Mahnbescheid → 0,5

1.	3	
2.	3	
3.	3	

2 Mit Zustellung des Mahnbescheids → 1

1.	1	
2.	1	
3.	1	

3 Bad.-Württ.: Amtsgericht Stuttgart → 1

1.	1	
2.	1	
3.	1	

4
a)
- Zustellung Mahnbescheid → 1
- Zustellung Vollstreckungsbescheid → 1
- Zwangsvollstreckung → 1

b)
- Zustellung Mahnbescheid
- Widerspruch
- Prozess + Urteil → 0,5
- evtl. Zwangsvollstreckung → 0,5

c)
- Zustellung Mahnbescheid
- Zustellung Vollstreckungsbescheid
- Einspruch
- Prozess + Urteil → 0,5
- evtl. Zwangsvollstreckung → 0,5

1.	5	
2.	5	
3.	5	

5 Schuldner reagiert weder auf Mahn- noch auf Vollstreck.bescheid → 2

1.	2	
2.	2	
3.	2	

Tragen Sie Ihre Punktesumme ein und ermitteln Sie auf dem Aufgabenblatt Ihre Note.

Punktesumme → 1. 12 **Punktesumme** → 2. 12 **Punktesumme** → 3. 12

KIT 1: Kaufvertrag & Co. Kieser Verlag 86356 Neusäß

Test 15 → Verjährung

1 Welche Verjährungsfristen gelten in folgenden Fällen und wann beginnt die Verjährungsfrist jeweils zu laufen? — 4

a) Ansprüche zwischen Gewerbetreibenden

b) Anspruch eines Gewerbetreibenden gegenüber einem Privaten

c) Anspruch eines Privaten

d) Darlehensforderungen

2 Was bedeutet „Unterbrechung der Verjährung"? Nennen Sie zwei Beispiele. — 3

3 Was bedeutet „Hemmung der Verjährung"? Nennen Sie ein Beispiel. — 2

4 Firma Gläub GmbH hat seit 22. Dezember 1998 eine Forderung gegenüber Firma Schlitz OHG in Höhe von 9 000,00 €. — 4

a) Wann ist die Forderung verjährt?

b) Am 10. Februar 1999 erhält die Schlitz OHG eine Mahnung und leistet am 12. März 1999 eine Abschlagszahlung in Höhe von 2 000,00 €.
Wann ist die Restforderung verjährt?

c) Am 10. Januar 2000 beantragt die Gläub GmbH nach weiteren Mahnungen den Erlass eines Mahnbescheids. Folge hinsichtlich Verjährung?

Punktesumme → 12

Notenermittlung: Kreuzen Sie Ihr Ergebnis an (Korrekturanleitung: siehe Lösung).

Punkte →	12	11	10	9	8	7	6	5	4	3	2	1
Note →	1,0	1,5	2,0	2,5	3,0	3,5	4,0	4,5	5,0	5,5	6,0	6,0
1. Versuch →												
2. Versuch →												
3. Versuch →												

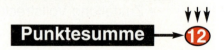

Test 15 — LÖSUNGEN

1
a) 4 Jahre → 0,5   - Beginn: 31.12. → 0,5
b) 2 Jahre → 0,5   - Beginn: 31.12. → 0,5
c) 30 Jahre → 0,5   - Beginn: Fälligkeitstag → 0,5
d) 30 Jahre → 0,5   - Beginn: Fälligkeitstag → 0,5

1.	4
2.	4
3.	4

2
- Verjährungsfrist beginnt ab Unterbrechung neu zu laufen → 1
- Beispiele: - Teilzahlung des Schuldners → 0,5
              - Gläubiger beantragt Mahnbescheid → 0,5

1.	2
2.	2
3.	2

3
- Verlängerung Verjährungsfrist um Zeitspanne der Hemmung → 1
- Beispiel: Gläubiger stundet Forderung für bestimmte Zeit → 1

1.	2
2.	2
3.	2

4
a) 31.12.2002 → 1
b) Abschlagzahlung führt zur **Unterbrechung** der Verjährung. → 0,5
   Verjährung der Restforderung: 12. März 2003 → 1
c) **Unterbrechung** der Verjährung. → 0,5
   Neue Verjährung: 10. Januar 2004 → 1

1.	4
2.	4
3.	4

Tragen Sie Ihre Punktesumme ein und ermitteln Sie auf dem Aufgabenblatt Ihre Note.

Punktesumme 1. **12**   Punktesumme 2. **12**   Punktesumme 3. **12**

KIT 1: Kaufvertrag & Co.　　　　Kieser Verlag　86356 Neusäß　　　　Seite 32

Test 16 → Allgemeine Geschäftsbedingungen

1　**12,5**

a) Erklären Sie den Begriff „AGB".

b) Nennen Sie je drei Vor- und Nachteile der AGB.

c) Welchen Hauptzweck verfolgt das AGB-Gesetz?

d) Wann sind AGB allgemein unwirksam?

e) Nennen Sie drei Beispiele, die dazu führen, dass AGB gegenüber Nichtkaufleuten unwirksam sind?

2　**7,5**

Sind folgende AGB-Klauseln gegenüber Nichtkaufleuten gültig? (Begründung)

a) „Wir haben ein Preisanpassungsrecht bei Lieferungen, die später als acht Wochen nach Vertragsabschluss erfolgen."
Vereinbarte Lieferfrist: innerhalb drei Monaten nach Vertragsdatum.

b) Wie ist a zu beantworten, wenn das Preisanpassungsrecht individuell ausgehandelt worden wäre?

c) „Garantie drei Monate"

d) „Der Käufer des Textprogrammes ist verpflichtet, unseren dreitägigen entgeltlichen Textverarbeitungskurs zu belegen."

e) „Bei Lieferungsverzug wird kein Schadenersatz geleistet."

Punktesumme → 20

Notenermittlung: Kreuzen Sie Ihr Ergebnis an (Korrekturanleitung: siehe Lösung).

Punkte:	20	19	18	17	16	15	14	13	12	11	10	9	8	7	6	5	4	3
Note:	1,0	1,3	1,6	1,9	2,2	2,5	2,7	3,0	3,3	3,6	3,9	4,2	4,5	4,8	5,1	5,4	5,7	6,0
1. Versuch:																		
2. Versuch:																		
3. Versuch:																		

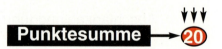

KIT 1: Kaufvertrag & Co. Kieser Verlag 86356 Neusäß Seite 33

Test 16 → LÖSUNGEN

1

a) Für eine Vielzahl von Verträgen vorformulierte Vertragsbedingungen → **1,5**

b) Vorteile:
- Vertragsinhalte nicht ständig neu auszuhandeln → **1**
- Rationalisierung von Absatz und Beschaffung durch Vereinheitlichung von Vertragsinhalten → **1**
- Risikobegrenzung für den Verwender → **1**

Nachteile:
- Einschränkung der Vertragsfreiheit → **1**
- evtl. einseitige Benachteiligung des schwächeren Vertragspartners → **1**
- Wettbewerbsbeschränkung → **1**

c) Verhinderung der Benachteiligung wirtschaftlich Schwächerer → **1**

d) Wenn eine unangemessene Benachteiligung vorliegt → **1**

e)
- unauffälliger Kleindruck
- fehlender Hinweis auf AGB
- überraschende (ungewöhnliche) Klauseln
- Verschlechterung gesetzlicher Gewährleistungsansprüche
- grundloser Rücktrittsvorbehalt enthalten
- unangemessene lange bzw. unbestimmbare Lieferfristen
- Preiserhöhungen innerhalb 4 Monaten nach Vertragsdatum
- Ausschluss gesetzlicher Rechte beim Lieferungsverzug ...

Drei Beispiele verlangt (je 1 Punkt) → **3**

1. **12,5**
2. **12,5**
3. **12,5**

2

a) Unwirksam → **0,5** - kein Preiserhöhungsrecht innerhalb 4 Monaten nach Vertragsabschluss → **1**

b) Gültig → **0,5** - individuell ausgehandelte Vertragsbedingungen sind keine AGB → **1**

c) Unwirksam → **0,5** - Verkürzung gesetzl. Gewährleistungsfristen (6 Monate) in AGB nicht erlaubt → **1**

d) Unwirksam → **0,5** - überraschende (ungewöhnliche) Klausel → **1**

e) Unwirksam → **0,5** - gesetzl. Rechte bei Lieferungsverzug in AGB nicht ausschließbar → **1**

1. **7,5**
2. **7,5**
3. **7,5**

Tragen Sie Ihre Punktesumme ein und ermitteln Sie auf dem Aufgabenblatt Ihre Note.

Punktesumme → 1. **20**   Punktesumme → 2. **20**   Punktesumme → 3. **20**

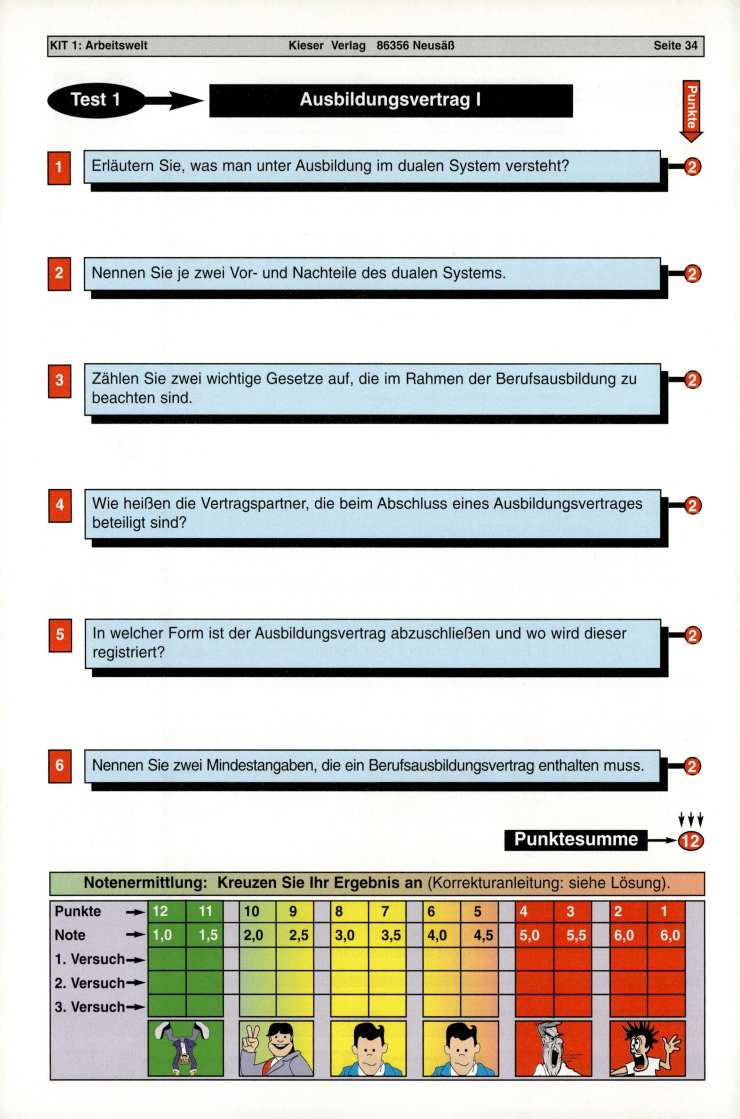

Test 1 — LÖSUNGEN

1. An der beruflichen Ausbildung sind **zwei Partner** beteiligt, nämlich die **Berufsschule** und der **Ausbildungsbetrieb.**

2.

Vorteile des dualen Systems	Nachteile des dualen Systems
• Die Ausbildung wird **abwechslungsreicher.**	• Die **Abstimmung** der Ausbildungsinhalte zwischen **Betrieb** und **Schule** ist häufig **schwierig** umzusetzen.
• Die Ausbildung erfolgt **praxisbezogen**, da sie sich überwiegend im Betrieb abspielt.	• **Ausbildungsplatzangebot** der Betriebe ist **unzureichend.**

3.
- **Berufsbildungsgesetz** (BBIG)
- **Jugendarbeitsschutzgesetz** (JArbSchG)

4.
- **Ausbildende**
- **Auszubildende**
- Bei Minderjährigen ist die **Unterschrift** des **gesetzlichen Vertreters** notwendig.

5.
- **Schriftform** — Ausfüllen eines bundeseinheitlichen Vordruckes.
- Bei der **IHK** (ist für die kaufmännische Ausbildung zuständig) erfolgt die Eintragung in das Verzeichnis der Ausbildungsverhältnisse („Lehrlingsrolle").

6.
- **Beginn** und **Dauer** der **Ausbildung**
- **Dauer** der **Probezeit**
- Höhe der Ausbildungsvergütung usw.
  Siehe § 4 BBiG

Tragen Sie Ihre Punktesumme ein und ermitteln Sie auf dem Aufgabenblatt Ihre Note.

Punktesumme: 1. **12** Punktesumme: 2. **12** Punktesumme: 3. **12**

Ausbildungsvertrag II

Test 2

1 Geben Sie je zwei Pflichten an, die durch den Abschluss eines Ausbildungsvertrages für den Auszubildenden und Ausbildenden entstehen. — 2

2 Welchen Zeitraum schreibt der Gesetzgeber für die Probezeit vor? — 1

3 Weshalb wird im Berufsausbildungsvertrag eine Probezeit vereinbart? — 1

4 Beurteilen Sie die Rechtslage in den folgenden Fällen und begründen Sie jeweils Ihre Antwort.

a) Die Auszubildende Deborah Kendel, die sich noch in der Probezeit befindet, erhielt von ihrem Chef ohne Begründung mündlich die fristlose Kündigung. — 2

b) Kim Faiss möchte nach 6 Monaten eine neue Ausbildung in einem anderen Beruf beginnen und kündigt deshalb fristlos. Die Kündigung nimmt er schriftlich vor. — 2

5
a) Welche Zeugnisart muss der Ausbildungsbetrieb dem Auszubildenden nach Beendigung des Berufsausbildungsverhältnisses ausstellen? — 1

b) Welche Angaben enthält dieses Zeugnis? — 1

c) Welche Angaben sind auf Verlangen des Auszubildenden zusätzlich in das Zeugnis aufzunehmen? — 1

d) Um welche Zeugnisart handelt es sich dann? — 1

Punktesumme — 12

Notenermittlung: Kreuzen Sie Ihr Ergebnis an (Korrekturanleitung: siehe Lösung).

Punkte	12	11	10	9	8	7	6	5	4	3	2	1
Note	1,0	1,5	2,0	2,5	3,0	3,5	4,0	4,5	5,0	5,5	6,0	6,0
1. Versuch												
2. Versuch												
3. Versuch												

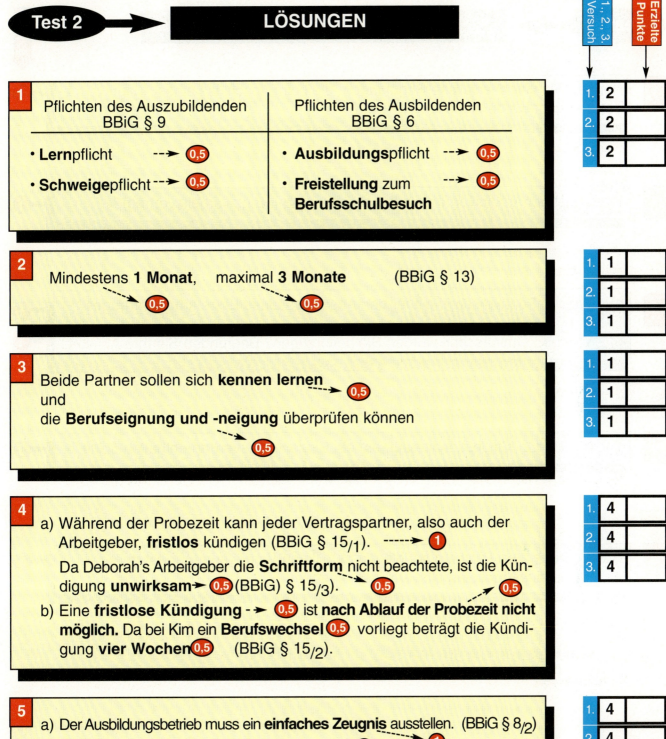

Test 3 — Arbeitsvertrag I

1. Nennen Sie vier gesetzliche Regelungen, die beim Abschluss eines Arbeitsvertrages beachtet werden müssen. — 2

2. Warum ist der Arbeitsvertrag ein Individualvertrag (=Einzelarbeitsvertrag)? — 1

3.
a) Welche Formvorschrift gilt für den Abschluss eines Einzelarbeitsvertrages? — 1
b) Welche Formvorschrift würden Sie bevorzugen? Begründen Sie Ihre Antwort. — 1

4. Zählen Sie drei Mindestinhalte auf, die ein Einzelarbeitsvertrag enthalten sollte. — 3

5. Geben Sie je zwei Pflichten an, die die beteiligten Vertragspartner mit dem Abschluss eines Einzelarbeitsvertrages eingehen. — 4

Punktesumme → 12

Notenermittlung: Kreuzen Sie Ihr Ergebnis an (Korrekturanleitung: siehe Lösung).

Punkte	12	11	10	9	8	7	6	5	4	3	2	1
Note	1,0	1,5	2,0	2,5	3,0	3,5	4,0	4,5	5,0	5,5	6,0	6,0
1. Versuch												
2. Versuch												
3. Versuch												

Test 3 — **LÖSUNGEN**

1
- **Bürgerliches Gesetzbuch** (BGB) → 0,5
- **Kündigungsschutzgesetz** (KSchG) → 0,5
- **Arbeitszeitgesetz** (ArbZG) → 0,5
- **Bundesurlaubsgesetz** (BUrlG) → 0,5

1. 2
2. 2
3. 2

2
Der Arbeitsvertrag ist ein Individualvertrag (Einzelarbeitsvertrag), weil er zwischen dem **einzelnen Arbeitnehmer** und **einem bestimmten Arbeitgeber** abgeschlossen wird. (0,5 / 0,5)

Vertragsinhalte sind **frei aushandelbar,** allerdings gilt der „Grundsatz der Unabdingbarkeit", d.h. die gesetzlichen, die innerbetrieblich und die vertraglich vereinbarten Bestimmungen sind Mindestbedingungen, die im Arbeitsvertrag nicht unterschritten werden dürfen.

1. 1
2. 1
3. 1

3
a) Es besteht grundsätzlich **Formfreiheit.** → 1
b) Aus **Beweisgründen** ist es sinnvoll die **Schriftform** zu wählen. (0,5 / 0,5)

1. 2
2. 2
3. 2

4
- **Arbeitsort** → 1
- vereinbarte **Arbeitszeit** → 1
- Höhe und Zusammensetzung des **Arbeitsentgelts,** einschließlich aller Zusatzleistungen wie Prämien, Zulagen, Zuschläge und Sonderzahlungen. (NachwG § 2/1) → 1

1. 3
2. 3
3. 3

5

Pflichten Arbeitnehmer	Pflichten Arbeitgeber
Dienstleistungspflicht (HGB § 59) → 1	Zahlung der vereinbarten **Vergütung** (HGB § 64) → 1
Verschwiegenheitspflicht (UWG § 17/1) → 1	**Fürsorge**pflicht (HGB § 62) → 1

1. 4
2. 4
3. 4

Tragen Sie Ihre Punktesumme ein und ermitteln Sie auf dem Aufgabenblatt Ihre Note.

Punktesumme 1. 12   Punktesumme 2. 12   Punktesumme 3. 12

Test 4 → Arbeitsvertrag II (Wettbewerbsverbot)

1 Herr Knitz wird neu eingestellt. Er soll die Leitung der Verkaufsabteilung übernehmen. Deshalb beabsichtigt der Personalchef ein vertragliches Wettbewerbsverbot mit ihm zu vereinbaren.

a) Erklären Sie den Begriff vertragliches Wettbewerbsverbot. — 2

b) Welchem Zweck dient die Vereinbarung eines vertraglichen Wettbewerbsverbots? — 2

c) Welche Voraussetzungen müssen erfüllt sein, damit das vertragliche Wettbewerbsverbot rechtsgültig ist? — 2

d) Welche Rechte hat der Arbeitgeber bei Verstoß gegen das vertragliche Wettbewerbsverbot? — 2

2 Eine Verkäuferin im Bekleidungshaus Wahl & Chic KG hat wiederholt gegen das gesetzliche Wettbewerbsverbot verstoßen und erhält eine Abmahnung.

a) Welche Pflichtverletzung beging möglicherweise die Verkäuferin? — 1

b) Wodurch unterscheidet sich das gesetzliche vom vertraglichen Wettbewerbsverbot, was deren Einhaltung anbelangt? — 1

c) Welche Rechte hat der Arbeitgeber bei Verletzung des gesetzlichen Wettbewerbsverbots? — 2

Punktesumme → 12

Notenermittlung: Kreuzen Sie Ihr Ergebnis an (Korrekturanleitung: siehe Lösung).

Punkte →	12	11	10	9	8	7	6	5	4	3	2	1
Note →	1,0	1,5	2,0	2,5	3,0	3,5	4,0	4,5	5,0	5,5	6,0	6,0
1. Versuch →												
2. Versuch →												
3. Versuch →												

KIT 1: Arbeitswelt Kieser Verlag 86356 Neusäß

Test 4 → LÖSUNGEN

1

a) Für den Arbeitnehmer gilt - falls vertraglich vereinbart - das **Handels-** und **Wettbewerbsverbot** (1) auch **nach Beendigung seines Arbeitsverhältnisses** (1) weiter.

Anmerkung: Das Handelsverbot bedeutet, ohne Einwilligung des Arbeitgebers kein eigenes Handelsgewerbe betreiben; kein Vollhafter in einem anderen Unternehmen zu sein. Das Wettbewerbsverbot lässt keine Geschäfte für eigene oder fremde Rechnung im Geschäftszweig des Arbeitgebers zu.

b) Der Arbeitnehmer soll **nach Beendigung** seines Dienstverhältnisses seinem **bisherigen Arbeitgeber keine Konkurrenz** machen. (1)

c) **Schriftform** (0,5) (HGB § 74/1)

Angemessene Entschädigung für Minderverdienst (0,5) (HGB § 74/2)

Keine wesentliche **Berufserschwernis** (0,5) (HGB § 74a/1)

Verbot **gilt maximal 2 Jahre** nach Ausscheiden (0,5) (HGB § 74a/1)

d) Falls vereinbart: **Vertragsstrafe** (1) (HGB § 75 c)

Ansonsten: **Unterlassung** des Zuwiderhandelns (vertraglicher Erfüllungsanspruch) und **Schadenersatz.** (1) (BGB § 323 ff)

1. 8
2. 8
3. 8

2

a) Die Verkäuferin machte wahrscheinlich dauernd oder gelegentlich **Geschäfte für eigene Rechnung.** (1)

b) Das gesetzliche Wettbewerbsverbot gilt **während der Dauer** des Arbeitsverhältnisses. (0,5) (HGB § 60)

Das vertragliche Wettbewerbsverbot gilt **nach Beendigung** des Arbeitsverhältnisses. (0,5) (HGB § 74)

c) Bei Pflichtverletzung des Arbeitnehmers hat der Arbeitgeber ein

Selbsteintrittsrecht bzw. das **Recht auf Schadenersatz.** (1) (HGB § 61) (1)

Anmerkung: In schwerwiegenden Fällen wird außerdem die fristlose Entlassung die Folge sein.

1. 4
2. 4
3. 4

Tragen Sie Ihre Punktesumme ein und ermitteln Sie auf dem Aufgabenblatt Ihre Note.

Punktesumme → 1. 12 Punktesumme → 2. 12 Punktesumme → 3. 12

Test 5 — Kündigung und allgemeiner Kündigungsschutz

1 Wie lautet die gesetzliche Kündigungsfrist? — 1

2 Wodurch unterscheidet sich eine ordentliche von einer außerordentlichen Kündigung? — 2

3 Nennen Sie jeweils zwei wichtige Gründe für den Arbeitgeber und den Arbeitnehmer, die zur außerordentlichen Kündigung berechtigen. — 4

4 Welchen Zweck verfolgt der Gesetzgeber mit dem allgemeinen Kündigungsschutz? — 1

5 Herr Kurz, Sachbearbeiter im Verkauf, erhielt von seinem Arbeitgeber die Kündigung. Er hält diese für sozial ungerechtfertigt. Welche Möglichkeiten bietet ihm der Gesetzgeber, gegen die Kündigung vorzugehen? — 2

6 Frau Teufel kündigt am 1. März, weil ihr das Betriebsklima nicht mehr behagt.

Wann endet ihr Arbeitsverhältnis? Geben Sie das genaue Datum an und begründen Sie Ihre Antwort. — 2

Punktesumme → 12

Notenermittlung: Kreuzen Sie Ihr Ergebnis an (Korrekturanleitung: siehe Lösung).

Punkte →	12	11	10	9	8	7	6	5	4	3	2	1
Note →	1,0	1,5	2,0	2,5	3,0	3,5	4,0	4,5	5,0	5,5	6,0	6,0
1. Versuch →												
2. Versuch →												
3. Versuch →												

Test 5 — LÖSUNGEN

1. **Vier Wochen** (28 Tage) zum **Fünfzehnten** oder zum **Ende** eines **Kalendermonats** → ① (BGB § 622/1)

2.
- Die ordentliche (gesetzliche) Kündigung beendet das Arbeitsverhältnis unter **Ablauf der entsprechenden Kündigungsfrist.** → (0,5)
Diese erfolgt aufgrund **betrieblicher Notwendigkeit** oder **auf persönlichen Wunsch** des Arbeitnehmers. (BGB § 622) (0,5)
- Die außerordentliche Kündigung beendet das Arbeitsverhältnis **fristlos**. (0,5)
Diese ist möglich wenn ein **wichtiger Grund** → (0,5) z.B. Tätlichkeit, Ehrverletzung usw. vorliegt. (BGB § 626)

3.

Gründe für den Arbeitgeber	Gründe für den Arbeitnehmer
• **Verletzung** der **Schweige**pflicht ①	• **Verletzung** der **Fürsorge**pflicht ①
• **Diebstahl** ①	• **Nichtbezahlung** des Lohnes oder Gehalts ①

4. **Alle Arbeitnehmer** die dem Betrieb **länger als 6 Monate** angehören, sollen gegen eine **sozial ungerechtfertigte Kündigung** geschützt werden. (0,5) (0,5)

Anmerkung: Eine Kündigung ist sozial ungerechtfertigt, wenn sie nicht durch die Person oder das Verhalten des Arbeitnehmers oder durch dringende betriebliche Verhältnisse bedingt ist. (KSchG § 1/1+2)

5.
- innerhalb einer Woche beim **Betriebsrat Einspruch** einlegen (KSchG § 3) ①
- innerhalb von drei Wochen beim **Arbeitsgericht** dagegen **klagen** (KSchG § 4) ①

6. a) Da Frau Teufel von sich aus kündigt gilt die **gesetzliche Kündigungsfrist.** → ① (BGB § 622/1)
Der letzte Arbeitstag ist der **31. März**, → ① da bis zum 15. März nicht die erforderliche Frist von vier Wochen erreicht wird.

Tragen Sie Ihre Punktesumme ein und ermitteln Sie auf dem Aufgabenblatt Ihre Note.

Punktesumme 1. 12 | **Punktesumme** 2. 12 | **Punktesumme** 3. 12

Test 6: Besonderer Kündigungsschutz

1. Für welche Arbeitnehmer gilt der besondere Kündigungsschutz? — 3

2. Welchen Zweck verfolgt der Gesetzgeber mit dem besonderen Kündigungsschutz? — 1

3. Die Buchhaltung der Firma Kurz OHG in Saulgau, die bisher im Haus erledigt wurde, wird auf EDV umgestellt und einem Rechenzentrum übertragen. Verschiedenen Mitarbeitern muss daraufhin gekündigt werden, da sie nicht mehr beschäftigt werden können.
Stellen Sie fest, welche Kündigungsfristen für die einzelnen Mitarbeiter gelten?

a) Herr Hölderle, 25 Jahre, seit 2 Jahren im Betrieb. — 2

b) Herr Schnorrbach, 40 Jahre, Betriebsratsmitglied. — 2

c) Frau Kunze, 38 Jahre, seit 20 Jahren im Betrieb. — 2

d) Frau Sing, 29 Jahre, seit 5 Monaten im Betrieb, ein Attest über eine bestehende Schwangerschaft liegt bereits seit mehreren Wochen vor. — 2

Punktesumme → 12

Notenermittlung: Kreuzen Sie Ihr Ergebnis an (Korrekturanleitung: siehe Lösung).

Punkte →	12	11	10	9	8	7	6	5	4	3	2	1
Note →	1,0	1,5	2,0	2,5	3,0	3,5	4,0	4,5	5,0	5,5	6,0	6,0
1. Versuch →												
2. Versuch →												
3. Versuch →												

KIT 1: Arbeitswelt   Kieser Verlag 86356 Neusäß   Seite 45

Test 6 → **LÖSUNGEN**

1

Wehrpflichtige --→ (0,5)	Arbeitsplatzschutzgesetz (ArbPlSchG) § 2
Werdende Mütter --→ (0,5)	Mutterschutzgesetz (MuSchG) § 9
Betriebsratsmitglieder und **Jugendvertreter** --→ (0,5)	Kündigungsschutzgesetz (KSchG) § 15
Schwerbehinderte --→ (0,5)	Schwerbehindertengesetz (SchwbG) § 15
Auszubildende --→ (0,5)	Berufsbildungsgesetz (BBiG) § 15
Langjährige Mitarbeiter → (0,5)	Bürgerliches Gesetzbuch (BGB) § 622/2

Versuch 1.: 3 2.: 3 3.: 3

2

Durch den besonderen Kündigungsschutz sollen bestimmte Arbeitnehmer geschützt werden, die
- einen großen Teil ihres Lebens **im selben Betrieb** verbracht haben und (0,5)
- aus **sozialen Gründen** besonders **schutzbedürftig** sind. --→ (0,5)

1.: 1 2.: 1 3.: 1

3

a) Für Herr Hölderle gilt die **gesetzliche Kündigungsfrist**, d.h. vier Wochen (28 Tage) zum Fünfzehnten oder auf Monatsende. (BGB § 622/1) (1)

Die Beschäftigungsjahre werden erst ab dem 25. Lebensjahr gerechnet, deshalb hat er **keinen besonderen Kündigungsschutz**. (BGB § 622/2) (1)

b) Herr Schnorrbach hat **besonderen Kündigungsschutz** und ist als **Betriebsratsmitglied** (1) während seiner Betriebsratszugehörigkeit und innerhalb eines Jahres nach Beendigung seiner Betriebsratstätigkeit **unkündbar**. --→ (1) (KSchG § 15)

c) Frau Kunze hat **besonderen Kündigungsschutz**. Ihre **Betriebszugehörigkeit** zählt ab dem **25. Lebensjahr**. --→ (0,5)
(0,5)
Damit hat sie **13 Betriebsjahre** und ihre Kündigungsfrist beträgt **5 Monate zum Monatsende**. --→ (1) (BGB § 622/2) (0,5)

d) Frau Sing hat **besonderen Kündigungsschutz**. Sie ist als **werdende Mutter** während der Schwangerschaft und bis vier Monate nach der Entbindung **unkündbar**. --→ (0,5) (MuSchG § 9)

Nimmt sie den **Erziehungsurlaub** in Anspruch kann erst nach dessen Ablauf gekündigt werden. --→ (1)
(Bundeserziehungsgeldgesetz = BErzGG § 18).

1.: 8 2.: 8 3.: 8

Tragen Sie Ihre Punktesumme ein und ermitteln Sie auf dem Aufgabenblatt Ihre Note.

Punktesumme → 1. 12   **Punktesumme** → 2. 12   **Punktesumme** → 3. 12

KIT 1: Arbeitswelt — Kieser Verlag 86356 Neusäß

Test 7 → Handlungsvollmacht

Punkte ↓

1 Uwe Quickenstedt, Eigentümer des Sportgeschäftes Quickenstedt KG, 88348 Saulgau, eröffnet in 88499 Riedlingen eine Filiale. Seinen langjährigen Mitarbeiter Christian Diesch bestimmt Uwe Quickenstedt zum Filialleiter und erteilt ihm hierzu allgemeine Handlungsvollmacht.

a) Wie wird diese Vollmacht erteilt? — **1**
b) Welchen Umfang hat diese Vollmacht? — **1**
c) Welchen Zusatz bringt Christian Diesch zukünftig zu seiner Unterschrift an? — **1**

2 Christian Diesch stellt Tina Henzler für seine Filiale als Verkäuferin ein.

a) Begründen Sie, ob Christian Diesch im Rahmen seiner Vollmacht dazu berechtigt ist? — **2**
b) Welche Vollmacht wird Christian Diesch seiner Verkäuferin Tina Henzler erteilen? — **1**
c) Nennen Sie zwei Beispiele für Tätigkeiten, die Tina Henzler im Rahmen dieser Vollmacht ausführen kann. — **2**

3 Christian Diesch kauft für die Filiale in Riedlingen einen günstigen Posten Tischtennisplatten und Inline-Skates. Sein Chef, Uwe Quickenstedt, ist mit diesem Kauf überhaupt nicht einverstanden. Er ist der Ansicht, dass sein Filialleiter Christian Diesch, die ihm eingeräumte Kompetenz überschritten hat und der Kaufvertrag ungültig ist. Klären Sie die Rechtslage. — **2**

4 Herr Quickenstedt gibt seinem Auszubildenden Roland Uhl fünf Ordner mit Eingangsrechnungen, Ausgangsrechnungen und anderen Belegen, die er am Nachmittag dem Steuerberater Fuchs bringen soll, der die Buchhaltung für die Quickenstedt KG erledigt.

a) Welche Vollmacht erhielt Roland Uhl hierzu? — **1**
b) Was ist das Besondere dieser Vollmacht? — **1**

Punktesumme → 12

Notenermittlung: Kreuzen Sie Ihr Ergebnis an (Korrekturanleitung: siehe Lösung).

Punkte →	12	11	10	9	8	7	6	5	4	3	2	1
Note →	1,0	1,5	2,0	2,5	3,0	3,5	4,0	4,5	5,0	5,5	6,0	6,0
1. Versuch →												
2. Versuch →												
3. Versuch →												

Test 7 — LÖSUNGEN

1

a) Die Erteilung der allgemeinen Handlungsvollmacht kann **formlos**, d.h. **schriftlich, mündlich** oder sogar **stillschweigend** durch Duldung bestimmter Handlungen erfolgen. (0,5 / 0,5)

b) Die allgemeine Handlungsvollmacht berechtigt zur Ausführung aller **gewöhnlichen Rechtsgeschäfte**, (0,5) die in dem **Handelsgewerbe dieses Geschäftszweiges** vorkommen. (0,5) (HGB § 54/1)

c) i.V. (in Vertretung) (1) (HGB § 57)

1.	3
2.	3
3.	3

2

a) Ja, da jeder **ranghöhere** Bevollmächtigte das Recht hat **Untervollmachten** zu erteilen. (1) (1) (1)

b) Er wird ihr **Artvollmacht** erteilen.
Anmerkung: Diese berechtigt zur Vornahme einer bestimmten Art von Rechtsgeschäften, die im Handelsgewerbe diese Geschäftszweiges laufend vorkommen.

c) Sie kann z.B. **verkaufen, kassieren**, Reklamationen annehmen usw. (1) (1)

1.	5
2.	5
3.	5

3

Bei dem Kauf von Inline-Skates handelt es sich um ein **gewöhnliches Rechtsgeschäft**, (1) das der Filialleiter Christian Diesch tätigen darf. Christian Diesch hat **seine Kompetenz nicht überschritten**. (0,5) Der **Kaufvertrag** ist **gültig**. (0,5)

1.	2
2.	2
3.	2

4

a) Roland Uhl erhielt die **Einzelvollmacht**. (1)
Anmerkung: Die Einzelvollmacht berechtigt zur Vornahme eines einzelnen Rechtsgeschäftes.

b) Die Einzelvollmacht **erlischt unmittelbar** nach der Durchführung des einzelnen Rechtsgeschäfts. (1)

1.	2
2.	2
3.	2

Tragen Sie Ihre Punktesumme ein und ermitteln Sie auf dem Aufgabenblatt Ihre Note.

Punktesumme 1. 12   **Punktesumme** 2. 12   **Punktesumme** 3. 12

Test 8 — Prokura I

1 Erklären Sie den Begriff Prokura. — 1

2 Wie und von wem kann Prokura nur erteilt werden? — 2

3 Erläutern Sie den Umfang der Einzel-, Gesamt- und Filialprokura. — 3

4 Wann beginnt die Prokura im Innen- und Außenverhältnis? — 3

5 Wodurch erlischt die Prokura im Innen- und Außenverhältnis? — 2

6 Welchen Zusatz bringt der Prokurist zu seiner Unterschrift an? — 1

Punktesumme → 12

Notenermittlung: Kreuzen Sie Ihr Ergebnis an (Korrekturanleitung: siehe Lösung).

Punkte	12	11	10	9	8	7	6	5	4	3	2	1
Note	1,0	1,5	2,0	2,5	3,0	3,5	4,0	4,5	5,0	5,5	6,0	6,0
1. Versuch												
2. Versuch												
3. Versuch												

Test 8 — LÖSUNGEN

1. Prokura besitzt, wer von einem Kaufmann zu allen Arten von **gewöhnlichen** und **außergewöhnlichen** (0,5) Geschäften und Rechtshandlungen ermächtigt ist, die der **Betrieb irgendeines Handelsgewerbes** (0,5) mit sich bringen kann. (HGB § 49)

2.
- muss **ausdrücklich** (schriftlich oder mündlich) erteilt werden (0,5)
- muss zur **Eintragung ins Handelsregister** angemeldet werden (HGB § 53/1) (0,5) (0,5)
- kann nur von dem **Inhaber** des Handelsgeschäfts oder seinem **gesetzlichen Vertreter** (0,5) erteilt werden.

3.

Einzelprokura	Gesamtprokura	Filialprokura
HGB § 48/1	HGB § 48/2	HGB § 50/3
Ein Prokurist ist **allein** (1) vertretungsbefugt.	Mehrere Prokursiten sind **gemeinsam** (1) vertretungsbefugt.	Prokura ist auf die **Filiale beschränkt.** (1)

4.

Innenverhältnis	Außenverhältnis
HGB § 48/1	HGB § 53/1
mit der **ausdrücklichen Ernennung** (1)	durch **Eintragung** ins **Handelsregister** und **Veröffentlichung** bzw. wenn der **Dritte** darüber **informi**ert wird, z.B. durch ein Rundschreiben (1)

5.

Innenverhältnis	Außenverhältnis
HGB § 52	HGB § 53/3
• durch jederzeit möglichen **Widerruf** (0,5) • durch **Auflösung** des Handelsgewerbes. (0,5)	**Widerruf** wird Dritten gegenüber **wirksam** durch **Handelsregistereintrag** (0,5) (Löschung im Handelsregister durch Rot unterstreichen) und **Veröffentlichung** (0,5) bzw. wenn der **Dritte** darüber **informiert** wird.

6. ppa. (lat. per procura) (1) (HGB § 51)

Punktesumme: 1. 12 — 2. 12 — 3. 12

KIT 1: Arbeitswelt — Kieser Verlag 86356 Neusäß — Seite 50

Test 9 → Prokura II

1 Felix Ganser ist sei vielen Jahren kaufmännischer Angestellter im Elektrogeschäft Walter Neher GmbH.
Da Herr Neher häufig geschäftlich unterwegs ist, beschließt er, Felix Ganser Prokura zu erteilen.

a) Welche drei Bedingungen würden Sie als Inhaber eines Betriebes an eine Person stellen, der Prokura erteilt werden soll? — **3**

b) Begründen Sie, welche Art von Prokura Walter Neher seinem langjährigen Angestellten Felix Ganser erteilt hat? — **2**

c) Entscheiden Sie, ob Felix Ganser in den folgenden Fällen im Rahmen seiner Vertretungsmacht handelt. — **4**

① Er entlässt während einer längeren Abwesenheit seines Chefs einen Angestellten wegen wiederholtem Zuspätkommens.
② Er vergrößert den Betrieb und muss deshalb ein neues Verkaufslager bauen. Dazu kauft er ein angrenzendes Grundstück im Wert von 50.000,00 €.
③ Um den Neubau zu finanzieren, verkauft er ein anderes Betriebsgrundstück im Wert von 80.000,00 €.
④ Er erteilt Frau Marita Eisele Filialprokura für die Zweigniederlassung des Betriebes am 50 km entfernten Nachbarort.

d) Neher hatte Ganser untersagt, Waren im Wert von mehr als 250.000,00 EUR ohne sein Einverständnis einzukaufen. Trotzdem schließt Ganser einen Kaufvertrag für Waren im Wert von 350.000,00 € alleine ab, weil Neher sich gerade auf einer Urlaubsreise befindet, auf der er geschäftlich nicht gestört werden möchte. Als nach der Rückkehr von Neher die Ware geliefert wird, verweigert dieser die Annahme und die Zahlung. Zu Recht?
Klären Sie die Rechtslage. Begründen Sie Ihre Antwort. — **3**

Punktesumme → 12

Notenermittlung: Kreuzen Sie Ihr Ergebnis an (Korrekturanleitung: siehe Lösung).

Punkte →	12	11	10	9	8	7	6	5	4	3	2	1
Note →	1,0	1,5	2,0	2,5	3,0	3,5	4,0	4,5	5,0	5,5	6,0	6,0
1. Versuch →												
2. Versuch →												
3. Versuch →												

Test 9 — LÖSUNGEN

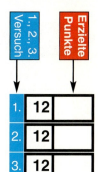

1

a) • absolute **Vertrauenswürdigkeit**
   • gute **Fachkenntnisse**
   • ausgezeichnete **Führungsqualitäten**   u. a. Antworten

b) Felix Ganser erhielt **Einzelprokura**, da er die **alleinige Vertretungsbefugnis** für **gewöhnliche** und **außergewöhnliche Rechtsgeschäfte** hat. (HGB § 48/1)

c) ① Ja, er kann **Mitarbeiter entlassen**, da es sich um ein **gewöhnliches Rechtsgeschäft** handelt.

② Ja, er kann **Grundstücke kaufen**, da es sich um ein **gewöhnliches Rechtsgeschäft** handelt.

③ Nein, ohne Sondervollmacht kann er **kein Grundstück verkaufen**. Dieses Rechtsgeschäft ist **gesetzlich verboten**. (HGB § 49/2)

④ Nein, er kann **keine Prokura erteilen**. Auch dies ist **gesetzlich verboten**. (HGB § 48/1)

d) Der Kaufvertrag ist **gültig**, d.h. Neher muss die **Ware annehmen** und **bezahlen**.

Eine **Einschränkung** der Prokura ist nur im **Innenverhältnis** möglich.

Im Außenverhältnis ist die Prokura zum **Schutz Dritter uneinschränkbar**. (HGB § 50/1)

Anmerkung: Ganser hat allerdings im Innenverhältnis seine Kompetenz überschritten und macht sich bei einem eventuellen Schaden schadenersatzpflichtig.

KIT 1: Arbeitswelt   Kieser Verlag 86356 Neusäß   Seite 52

Test 10 → Sozialversicherung

Punkte ↓

1   Nennen Sie die fünf Zweige der Sozialversicherung und deren Träger. — **5**

2   Wer bezahlt die Beiträge zu den einzelnen Versicherungen? — **1**

3   Nennen Sie für jeden Zweig der Sozialversicherung je zwei wesentliche Leistungen. — **5**

4   Erläutern Sie die Bedeutung der Beitragsbemessungsgrenze für die einzelnen Zweige der Sozialversicherung. — **4**

5   Erklären Sie den Begriff „Generationenvertrag". — **1**

6   Unterscheiden Sie Arbeitslosengeld und Arbeitslosenhilfe. — **4**

Punktesumme → 20

Notenermittlung: Kreuzen Sie Ihr Ergebnis an (Korrekturanleitung: siehe Lösung).

Punkte:	20	19	18	17	16	15	14	13	12	11	10	9	8	7	6	5	4	3
Note:	1,0	1,3	1,6	1,9	2,2	2,5	2,7	3,0	3,3	3,6	3,9	4,2	4,5	4,8	5,1	5,4	5,7	6,0
1. Versuch:																		
2. Versuch:																		
3. Versuch:																		

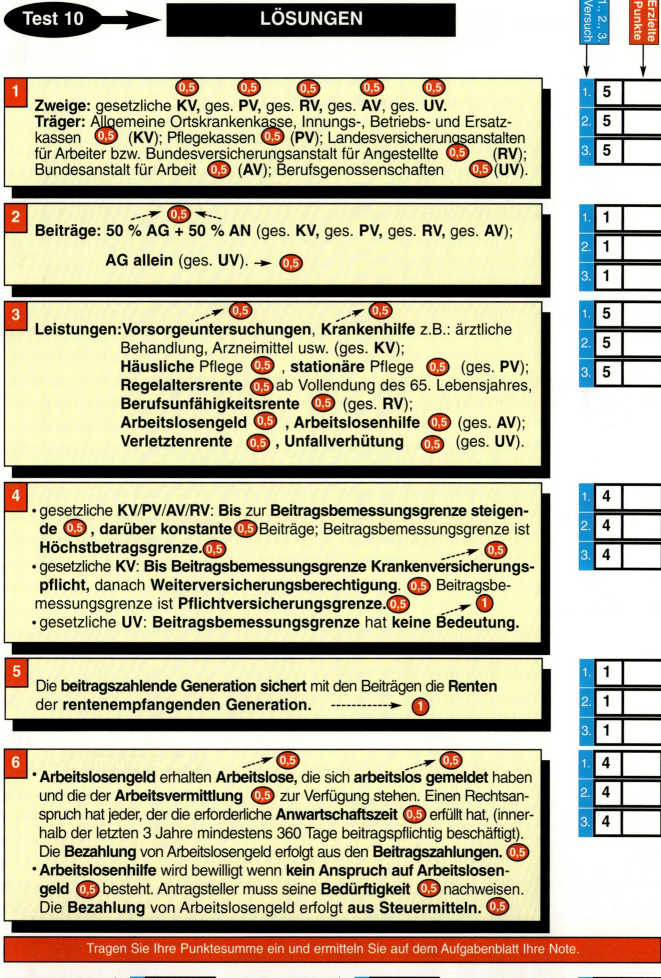

KIT 1: Arbeitswelt — Kieser Verlag 86356 Neusäß — Seite 54

Test 11 → Betriebsrat

1 Das Autohaus Schnell OHG beschäftigt ständig 65 Arbeitnehmer. Bisher gab es keinen Betriebsrat. Wegen einer Auseinandersetzung einiger Arbeitnehmer mit dem Unternehmer Hugo Schnell über Fragen der Arbeitspausenregelung verlangen die Arbeitnehmer jetzt die Wahl eines Betriebsrats.

a) Kann sich Unternehmer Hugo Schnell dieser Forderung widersetzen? Begründen Sie Ihre Antwort. — 1

b) Wovon hängt die Zahl der Betriebsratsmitglieder eines Betriebes ab? — 2

c) Nennen Sie zwei allgemeine Aufgaben des Betriebsrats. — 2

d) Wie ist bei der Betriebsratswahl das aktive und passive Wahlrecht geregelt? — 2

e) Hugo Schnell ist der Ansicht, dass er bei der Arbeitspausenregelung den Betriebsrat sowieso nicht fragen muss. Ist die Ansicht von Hugo Schnell richtig? Begründen Sie Ihre Aussage. — 1

f) Für wieviele Jahre wird der Betriebsrat gewählt? — 1

g) Welcher Aufgabe muss der Betriebsrat einmal in jedem Kalendervierteljahr nachkommen? — 1

h) Nennen Sie je zwei Angelegenheiten in denen der Betriebsrat mitbestimmen und mitwirken kann. — 2

Punktesumme → 12

Notenermittlung: Kreuzen Sie Ihr Ergebnis an (Korrekturanleitung: siehe Lösung).

Punkte →	12	11	10	9	8	7	6	5	4	3	2	1
Note →	1,0	1,5	2,0	2,5	3,0	3,5	4,0	4,5	5,0	5,5	6,0	6,0
1. Versuch →												
2. Versuch →												
3. Versuch →												

Test 11 — LÖSUNGEN

1

a) Nein, nach dem BetrVG § 1 kann in **jedem Betrieb mit mindestens fünf ständig wahlberechtigten Arbeitnehmern** ein Betriebsrat gewählt werden.

b) Sie hängt von der **Anzahl der wahlberechtigten Arbeitnehmer** ab. (§ 9 BetrVG)

c) Der Betriebsrat
- **achtet** u.a. **auf** die **Einhaltung** von Tarifverträgen, Betriebsvereinbarungen, Unfallverhütungsvorschriften usw. (§ 80 BetrVG)
- **bereitet** die **Wahl** einer **Jugend- und Auszubildendenvertretung vor.** (§ 80 BetrVG)

d) aktives Wahlrecht: (BetrVG § 7)
Wahlberechtigt sind **alle Arbeitnehmer,** die zum Wahlzeitpunkt das **18. Lebensjahr vollendet** haben.

passives Wahlrecht: (BetrVG § 7)
Wählbar sind **alle Wahlberechtigten,** die zum Wahlzeitpunkt mindestens **6 Monate** dem Betrieb angehören.

e) Die Ansicht von Schnell ist **falsch.** Der Betriebsrat hat hinsichtlich der Arbeitspausenregelung ein erzwingbares **Mitbestimmungsrecht,** d.h. diese Regelung wird erst mit seiner **Zustimmung wirksam.** (BetrVG § 87)

f) 4 Jahre (BetrVG § 21)

g) Der Betriebsrat muss einmal im Kalenderjahr eine **Betriebsversammlung** abhalten und einen **Tätigkeitsbericht** abgeben. (BetrVG § 43)

h)

Mitbestimmungsrechte (BetrVG § 87)	Mitwirkungsrechte (BetrVG § 106)
• **Urlaubsplan**	• **Rationalisierungsvorhaben**
• **Arbeitszeit**	• Einführung **neuer Arbeitsmethoden**

Tragen Sie Ihre Punktesumme ein und ermitteln Sie auf dem Aufgabenblatt Ihre Note.

Test 12 — **Jugend- und Auszubildendenvertretung (JAV)**

1 Im Kaufhaus Helmut Wohlfahrt e.K. stehen Wahlen zur Jugend- und Auszubildendenvertretung an. Yasmin Bauknecht, 18 Jahre, Auszubildende zur Kauffrau für Bürokommunikation, im 2. Ausbildungsjahr, kandidiert als Jugend- und Auszubildendenvertreterin.

a) Welche Voraussetzungen für die Wahl einer Jugend- und Auszubildendenvertretung müssen erfüllt sein? — **2**

b) Welcher Personenkreis kann Yasmin in die Jugend- und Auszubildendenvertretung wählen? — **1**

c) Wer ist bei der Wahl zur Jugend- und Auszubildendenvertretung wählbar? — **1**

d) Auf wieviele Jahre wird die Jugend- und Auszubildendenvertretung gewählt? — **1**

e) Welche Hauptaufgabe hat die Jugend- und Auszubildendenvertretung? — **1**

f) Wann sind alle JAV-Mitglieder zur Teilnahme und zur Abstimmung in der Betriebsratssitzung berechtigt? — **1**

g) Begründen Sie, weshalb die Jugend- und Auszubildendenvertretung auch für den Arbeitgeber bedeutsam sein kann. — **1**

h) Die türkischen Auszubildenden wollen einen ihrer Landsleute, der sich im ersten Ausbildungsjahr befindet und 17 Jahre alt ist, in die JAV wählen. Kann er gewählt werden? — **2**

i) Verschiedene ausländische Auszubildende, alle im ersten Ausbildungsjahr und 16 Jahre alt, wollen ihre Stimme zur JAV abgeben. Der Wahlleiter verweigert dies. Beurteilen Sie die Handlungsweise des Wahlleiters. — **2**

Punktesumme → 12

Notenermittlung: Kreuzen Sie Ihr Ergebnis an (Korrekturanleitung: siehe Lösung).

Punkte →	12	11	10	9	8	7	6	5	4	3	2	1
Note →	1,0	1,5	2,0	2,5	3,0	3,5	4,0	4,5	5,0	5,5	6,0	6,0
1. Versuch →												
2. Versuch →												
3. Versuch →												

Test 12 — LÖSUNGEN

1

a) Die Wahl einer JAV ist möglich, wenn **mehr als fünf Jugendliche unter 18 Jahren** beschäftigt sind. (BetrVG § 60)

b) Wahlberechtigt sind **alle Arbeitnehmer**, die das **25. Lebensjahr noch nicht vollendet haben** (aktives Wahlrecht). (BetrVG § 61/1)

c) Wählbar sind **alle Arbeitnehmer**, die das **25. Lebensjahr noch nicht vollendet haben** = passives Wahlrecht. (BetrVG § 61/2)

d) 2 Jahre (BetrVG § 64)

e) Die Hauptaufgabe der JAV ist **die Vertretung der besonderen Belange der jugendlichen Arbeitnehmer** (BetrVG § 60/2).

f) Werden **Angelegenheiten** behandelt, die die **jugendlichen Arbeitnehmer** betreffen so hat zu diesem Tagesordnungspunkt die **gesamte JAV ein Teilnahmerecht**. (§ 67/1 BetrVG)

g) • Jugendliche Arbeitnehmer stehen noch in ihrer **geistigen und körperlichen** Entwicklung. Sie haben andere Probleme als ihre erwachsenen Kollegen.
• Es soll ein **Interessenausgleich und ein Miteinander** mit den **Erwachsenen angestrebt** und umgesetzt werden, was zu einem guten Betriebsklima beitragen soll. So entstehen weniger Konflikte, die der Arbeitgeber beheben muss.

h) Ja, wählbar sind **alle Jugendlichen, die noch nicht 25 Jahre alt sind.** (BetrVG § 60 + § 61/1)

i) Der Wahlleiter kann die **Stimmabgabe nicht verweigern**, da die ausländischen Arbeitnehmer die Wahlberechtigung mit **Vollendung des 15. Lebensjahres haben**. (BetrVG § 60 + § 61/1)

Tragen Sie Ihre Punktesumme ein und ermitteln Sie auf dem Aufgabenblatt Ihre Note.

Punktesumme: 1. 12   2. 12   3. 12

Test 13 — Tarifvertrag

1 Wer sind die Vertragspartner beim Abschluss eines Tarifvertrages? — 1

2 Was ist ein Tarifvertrag? — 1

3 Wie unterscheidet sich der Manteltarifvertrag vom Lohn- und Gehaltstarifvertrag? Stellen Sie anhand einer Gegenüberstellung zwei Unterscheidungsmerkmale heraus. — 2

4 Was versteht man unter einem Ecklohn und welche Bedeutung kommt diesem zu? — 2

5 Was bedeutet Tarifautonomie? — 1

6 Erläutern Sie, was man unter Allgemeinverbindlichkeit versteht. — 1

7 Nennen Sie je zwei Vorteile, die sich aus dem Abschluss eines Tarifvertrages für Arbeitgeber und Arbeitnehmer ergeben. — 4

Punktesumme → 12

Notenermittlung: Kreuzen Sie Ihr Ergebnis an (Korrekturanleitung: siehe Lösung).

Punkte	12	11	10	9	8	7	6	5	4	3	2	1
Note	1,0	1,5	2,0	2,5	3,0	3,5	4,0	4,5	5,0	5,5	6,0	6,0
1. Versuch												
2. Versuch												
3. Versuch												

Test 13 — LÖSUNGEN

1. Tarifverträge werden zwischen **Gewerkschaften** (0,5) und **Arbeitgeberverbänden** (0,5) abgeschlossen.

1.	1	
2.	1	
3.	1	

2. Der Tarifvertrag ist ein **Kollektivvertrag** (0,5), in dem **einheitliche Arbeitsbedingungen** (0,5) für die **Arbeitnehmer ganzer Wirtschaftszweige** festgelegt werden.

1.	1	
2.	1	
3.	1	

3.

Merkmale	Manteltarifvertrag	Lohn- und Gehaltstarifvertrag
Laufzeit	• **längerfristig** (ca. 3-5 Jahre) (0,5)	• **kurzfristig** (i.d.R. 1 Jahr) (0,5)
Inhalt	• regelt **allgemeine Arbeitsbedingungen** wie z.B. Urlaub, Arbeitszeit, Urlaubsgeld (0,5)	• enthält die Höhe der einzelnen **Lohn- oder Gehaltsgruppen** (0,5)

1.	2	
2.	2	
3.	2	

4. Der Ecklohn ist der **Lohnsatz eines 21jährigen gelernten Facharbeiters** (1) (100%), von dem die **Abschläge** (0,5) bzw. die **Zuschläge** (0,5) der verschiedenen Lohn- und Gehaltsgruppen berechnet werden.

1.	2	
2.	2	
3.	2	

5. Tarifautonomie ist das Recht der Tarifpartner, **selbständig und ohne staatliche Einmischung** (1) Tarifverträge auszuhandeln und abzuschließen.

1.	1	
2.	1	
3.	1	

6. Mit der Allgemeinverbindlichkeitserklärung gelten die Bestimmungen des Tarifvertrags, auch **für die nicht tarifgebundenen Arbeitnehmer und Arbeitgeber.** (1) (§ 5 TVG)

1.	1	
2.	1	
3.	1	

7.

Arbeitgeber	Arbeitnehmer
• **klare Kalkulationsgrundlage**, da einheitliche Tarife (1)	• Garantie von **Mindestarbeitsbedingungen** (1)
• Vertragsinhalte müssen nicht jedesmal neu ausgehandelt werden **(Zeit- und Kostenersparnis)** (1)	• **Gleichstellung** von Arbeitnehmern mit gleicher Qualifikation wird sichergestellt (1)

1.	4	
2.	4	
3.	4	

Tragen Sie Ihre Punktesumme ein und ermitteln Sie auf dem Aufgabenblatt Ihre Note.

Punktesumme 1. 12   **Punktesumme** 2. 12   **Punktesumme** 3. 12

Test 14: Arbeitskampf

1. Bei einer Stammtischrunde im Gasthaus „Schwarzer Adler" wird über die vergangene Lohntarifrunde diskutiert. Dabei werden folgende Begriffe genannt:
- Streik
- Aussperrung

Erklären Sie diese Begriffe. *(3)*

2. Nennen Sie zwei mögliche Streitpunkte bei Tarifverhandlungen. *(1)*

3. Erläutern Sie die Begriffe Schwerpunktstreik und Flächenstreik. *(2)*

4. Wann liegt ein wilder Streik vor? *(1)*

5. Welche Rechtsfolge kann sich aus einem wilden Streik für die teilnehmenden Arbeitnehmer ergeben? *(1)*

6. Welche Voraussetzungen müssen erfüllt sein, bevor es zum Streikaufruf der Gewerkschaft kommt? *(1)*

7. Welches Hauptziel wird mit einem Schlichtungsverfahren verfolgt? *(1)*

8. Von wem erhalten die streikenden bzw. ausgesperrten Arbeitnehmer während des Arbeitskampfes ihren Lohn bzw. Gehalt? Nehmen Sie dazu Stellung. *(2)*

Punktesumme: 12

Notenermittlung: Kreuzen Sie Ihr Ergebnis an (Korrekturanleitung: siehe Lösung).

Punkte	12	11	10	9	8	7	6	5	4	3	2	1
Note	1,0	1,5	2,0	2,5	3,0	3,5	4,0	4,5	5,0	5,5	6,0	6,0
1. Versuch												
2. Versuch												
3. Versuch												

Test 14 — LÖSUNGEN

1. Streik ist das **Kampfmittel der Arbeitnehmer**, d.h. **gemeinsame Arbeitsniederlegung der Arbeitnehmer.**

Aussperrung ist das **Kampfmittel der Arbeitgeber**; man versteht darunter die **vorübergehende Aufhebung der Arbeitsverhältnisse** der Arbeitnehmer und die **Nichtzahlung von Lohn / Gehalt.**

2.
- **Lohn-** bzw. **Gehaltserhöhungen**
- **Arbeitszeit** u.a.

3.
- **Schwerpunktstreik** bedeutet: nur die **wichtigsten Betriebe eines Wirtschaftszweiges** werden bestreikt.
- **Flächenstreik** bedeutet: **alle Betriebe eines Wirtschaftszweiges** werden bestreikt.

4. Wilder Streik ist ein Streik, der **ohne Urabstimmung und ohne Genehmigung der zuständigen** Gewerkschaft durchgeführt wurde.

5. Der Arbeitgeber ist berechtigt die **streikenden** Arbeitnehmer **fristlos** zu **entlassen.**

6. **Urabstimmung:** 75 % der **abstimmungsberechtigten Gewerkschaftsmitglieder** eines Tarifbezirkes müssen sich für den Streik entscheiden.

7. Im Schlichtungsverfahren versucht ein neutraler Schlichter die Tarifpartner doch noch zu einigen, um einen **Arbeitskampf zu vermeiden.**

8. Streikende bzw. ausgesperrte Arbeitnehmer erhalten **weder Lohn noch Gehalt.** Gewerkschaftsmitglieder die streiken bzw. ausgesperrt sind erhalten von der Gewerkschaft **Streikunterstützung**, die sich nach Beitragshöhe und Dauer richtet. **Nichtgewerkschaftsmitglieder** erhalten **keine finanzielle Unterstützung** auch kein Arbeitslosengeld.

Tragen Sie Ihre Punktesumme ein und ermitteln Sie auf dem Aufgabenblatt Ihre Note.

Punktesumme 1. **12** — Punktesumme 2. **12** — Punktesumme 3. **12**

Test 15: Arbeitsschutzvorschriften

1. Unterscheiden Sie zwischen allgemeinem (technischem) und besonderem (sozialem) Arbeitsschutz. **(2)**

2. Warum bedürfen arbeitende Jugendliche eines besonderen Schutzes? **(1)**

3. Nennen Sie je zwei Gesetze bzw. Verordnungen für den allgemeinen und den besonderen Arbeitsschutz. **(2)**

4. Frau Sabine Faiss ist werdende Mutter. Sie zeigt ihre Schwangerschaft ihrem Arbeitgeber an und ist nicht mehr bereit im Akkord zu arbeiten. Daraufhin erhält sie die Kündigung. Beurteilen Sie die Rechtslage. **(2)**

5. Nennen Sie zwei Tätigkeiten die Jugendliche aufgrund des Jugendarbeitsschutzgesetzes nicht zugemutet werden dürfen. **(2)**

6. Für welchen Personenkreis gilt das Jugendarbeitsschutzgesetz? **(1)**

7. Wer überwacht die Einhaltung des Arbeitsschutzes? Nennen Sie zwei wichtige außerbetriebliche Einrichtungen. **(1)**

8. Was müssen Betriebe, die weniger als 6 % der Arbeitsplätze für Schwerbehinderte zur Verfügung stellen, monatlich entrichten? **(1)**

Punktesumme: 12

Notenermittlung: Kreuzen Sie Ihr Ergebnis an (Korrekturanleitung: siehe Lösung).

Punkte	12	11	10	9	8	7	6	5	4	3	2	1
Note	1,0	1,5	2,0	2,5	3,0	3,5	4,0	4,5	5,0	5,5	6,0	6,0
1. Versuch												
2. Versuch												
3. Versuch												

Test 15 — LÖSUNGEN

1. Der allgemeine Arbeitsschutz soll durch zahlreiche Vorschriften die **Gefahren am Arbeitsplatz** und **im Betrieb** bekämpfen. (1)

Der besondere Arbeitsschutz soll die **Belastung des Arbeitnehmers** begrenzen. (1)

2. Jugendliche stehen noch in ihrer **geistigen und körperlichen Entwicklung** und sind deshalb **besonders schutzbedürftig**. (1)

3.

allgemeiner Arbeitsschutz	besonderer Arbeitsschutz
• **Arbeitssicherheitsgessetz** (0,5)	• **Arbeitszeitgesetz** (0,5)
• **Gewerbeordnung** (0,5)	• **Jugendarbeitsschutzgesetz** (0,5)

4. Die Kündigung ist **nicht rechtswirksam**. (0,5) (0,5)

Als **werdende Mutter** hat sie nach § 9 MuSchG **Kündigungsschutz**.

Die Beschäftigung von werdenden Müttern mit **Akkordarbeit** ist **verboten**. (1)

5.
- **Akkordarbeit** (1) (JArbSchG § 23/1)
- **Gefährliche Arbeiten,** (1) die u.a. ihre Gesundheit gefährden. (JArbSchG § 22/1)

6. Das Jugendarbeitsschutzgesetz gilt für die Beschäftigung von **Personen, die noch nicht 18 Jahre alt sind.** (1) (JArbSchG § 1)

7.
- **Berufsgenossenschaften** (0,5)
- **Gewerbeaufsichtsämter** (0,5)

(JArbSchG § 1)

8. Für jeden nicht besetzten Platz müssen diese Betriebe monatlich eine **Ausgleichsabgabe** entrichten. (1)

Tragen Sie Ihre Punktesumme ein und ermitteln Sie auf dem Aufgabenblatt Ihre Note.

Punktesumme 1. **12**   Punktesumme 2. **12**   Punktesumme 3. **12**

KIT 1: Arbeitswelt		Kieser Verlag 86356 Neusäß		Seite 64

Test 16 → Lohnformen

Punkte ↓

1
a) Warum kann die Arbeit am Fließband nicht in Einzelakkord entlohnt werden? — 1
b) Warum erhält ein „Springer" bei der Arbeit am Fließband einen höheren Lohn als ein Mitarbeiter mit festem Arbeitsplatz? — 1

2 Häufig arbeiten Montagekolonnen im Gruppenakkord.
a) Was versteht man unter „Gruppenakkord"? — 1
b) Wie werden die Lohnanteile der Gruppenmitglieder ermittelt? — 1
c) Welcher Nachteil ergibt sich für das einzelne Gruppenmitglied? — 1

3 Ein Mitarbeiter produziert 300 Stück je Woche. Die Vorgabezeit beträgt 15 Dezimalminuten je Stück.
a) Welche Zeitarten umfasst die Vorgabezeit (Auftragszeit)? — 2
b) Berechnen Sie seinen Wochenlohn bei einem Akkordsatz von 12,00 € je Stunde! — 2

4
a) Nennen Sie drei Anwendungsbereiche für den Zeitlohn. — 3
b) Nennen Sie zwei Nachteile des Zeitlohnes. — 2

5 Manche Betriebe zahlen ihren Arbeitnehmern zusätzlich zum Lohn noch eine Prämie. Nennen Sie drei Voraussetzungen, die zur Gewährung einer Prämie führen können. — 3

6
a) Nennen Sie zwei Varianten der Kapitalbeteiligung der Arbeitnehmer. — 2
b) Was kann einen Arbeitgeber dazu veranlassen, seine Mitarbeiter am Unternehmenserfolg zu beteiligen? — 1

Punktesumme → 20

Notenermittlung: Kreuzen Sie Ihr Ergebnis an (Korrekturanleitung: siehe Lösung).

Punkte:	20	19	18	17	16	15	14	13	12	11	10	9	8	7	6	5	4	3
Note:	1,0	1,3	1,6	1,9	2,2	2,5	2,7	3,0	3,3	3,6	3,9	4,2	4,5	4,8	5,1	5,4	5,7	6,0
1. Versuch:																		
2. Versuch:																		
3. Versuch:																		